二十一世纪普通高等教育人才培养“十三五”系列教材

财务会计应用能力训练

Caiwu Kuaiji Yingyong Nengli Xunlian

主　编　阳葵兰
副主编　段红兵　陈碧龙

西南财经大学出版社
中国·成都

图书在版编目(CIP)数据

财务会计应用能力训练/ 阳葵兰主编 .—成都: 西南财经大学出版社, 2021.8
ISBN 978-7-5504-4859-9

Ⅰ.①财… Ⅱ.①阳… Ⅲ.①财务会计—教材 Ⅳ.①F234.4

中国版本图书馆 CIP 数据核字(2021)第 078335 号

财务会计应用能力训练

主　编　阳葵兰
副主编　段红兵　陈碧龙

策划编辑:李特军　李晓嵩
责任编辑:李特军
封面设计:张姗姗
责任印制:朱曼丽

出版发行	西南财经大学出版社(四川省成都市光华村街 55 号)
网　　址	http://cbs.swufe.edu.cn
电子邮件	bookcj@swufe.edu.cn
邮政编码	610074
电　　话	028-87353785
照　　排	四川胜翔数码印务设计有限公司
印　　刷	郫县犀浦印刷厂
成品尺寸	185mm×260mm
印　　张	25
字　　数	575 千字
版　　次	2021 年 8 月第 1 版
印　　次	2021 年 8 月第 1 次印刷
印　　数	1— 3000 册
书　　号	ISBN 978-7-5504-4859-9
定　　价	49.80 元

会计应用能力训练系列教材

编审委员会

序

2015年，教育部发布《关于引导部分地方普通本科高校向应用型转变的指导意见》（教发〔2015〕7号）。自此，我国高校教育工作者对如何办好应用型本科教育进行了不懈的探索。从宏观层面看，他们对应用型本科办学定位、办学指导思想和办学理念等方面进行了理论研究和实践探索；从中观层面看，他们对应用型本科的人才培养理念、人才培养目标定位、人才培养模式、人才培养规格、人才培养方案设计、产学研合作等进行了研究与实践；从微观层面看，他们对应用型本科专业教学模式、课程设计、教学方法、教材开发、实践教学等进行了创新研究与实践。这些研究与实践，在一定程度上统一了教师教育教学思想，有效推进了应用型本科高校教育教学改革、办学成果的形成和办学特色的培育。

目前，在应用型本科教育教学中，还存在不少需要深入研究与不断实践解决的问题，如①实践教学仍然落实不到位、效果不佳的问题，教师教学理念有待进一步更新。不少教师虽然口头上重视实践教学，但由于其所受教育以理论教学及其研究为主，于是自觉不自觉地以理论教学为重，将实践教学当作理论教学的补充和附属，其结果是学校实践教学的内容大多是对理论知识的验证，并非培养学生应用能力的技术训练，导致实践教学的效果不佳。②不少教师尤其是青年教师自身专业实践能力不足的问题。高校在学位上要求教师具有硕士学位、博士学位，不少青年教师从学校到学校，缺少行业企业实践经历。③人才培养方案中的实践教学课程体系构建问题。有的专业课程体系是以学科为逻辑起点构建的，对人才培养的理论课程体系与实践课程体系缺乏必要的研究，有的专业对必要的理论课程重视不够。在这种情况下，实践教学即使得到了重视，效果也可能仍然不好，培养出来的学生虽然能够较快地适应一般的岗位工作，但后劲不足，难以得到较快的成长。④学科专业校内实践教学平台构建问题、理实一体化课程中实践教学效果问题、产学研合作平台构建与作用发挥问题等。

由此看来，应用型本科教育应构建适应应用型本科教育的、而且有别于传统本科教育的理论教学课程体系和实践教学课程体系，其中实践教学课程体系的构建尤为重要。这不仅需要从事应用型本科教育的教师进行系统的研究和实践，还需要行业企业的实际工作者积极参与，由教育专家和行业专家共同完成这一体系的构建。

在应用型本科教育领域，有一批教师在坚持不懈地进行实践课程教学的研究与实践，并取得了一定的研究与实践成果。广州商学院会计学院的老师们积极投入这一研究与实践中，他们结合会计教学实践，基于应用型本科教育特点，根据高素质应用型人才培养目标的需要，开发了这套会计应用能力训练系列教材。这套教材由《基础会计应用能力训练》《财务会计应用能力训练》《成本会计应用能力训练》《会计电算化应用能力训练》《纳税申报应用能力训练》《会计综合应用能力训练》《会计顶岗实操》等组成，形成了会计应用能力训练三级递进的教材体系。这一系列教材的出版发行和在教学中的运用，实现了在会计应用人才的培养上，从入校到毕业的全程培养，从低级到高级的系统培养，从专项到实战的科学培养，有助于培养高素质应用型会计人才。

会计应用能力训练系列教材编审委员会

2020 年 10 月 18 日

前言

本书以企业会计准则为依据，以产教融合教育理念为指导，在会计基础操作规范的基础上，分为货币资金、存货、固定资产与无形资产、金融资产与长期股权投资、负债、所有者权益、收入确认、所得税会计、利润及利润分配九大应用能力训练模块，旨在展现企业会计业务，为学生提供会计确认、计量、记录等环节的操作平台，强化财务会计基础规范和实际业务技能训练，提高学生的会计职业认知和实际动手能力。

本书根据应用型人才的培养目标，以"实践教育为主、理论够用、重在技能"的教学要求编写，与"以学生为主体、能力为本位、就业为导向"的教学模式完全配合。本书体现出基础性、实用性、自学性和开放性四大特色。

本书在内容安排上以应用型高等教育层次的财会相关专业的学生特点为切入点，突出实用性，使学生真正掌握将来在工作中的实用技能；在写法及整体风格上，力求层次分明、深入浅出、学以致用、通俗易懂，达到真正意义上的即学即用和学以致用。

本书具有如下特点：

第一，目标明确。本书以"对接行业、工学结合、提升质量、促进本科教育链融入产业链，有效服务经济社会发展"的应用型本科教育发展思路来构思内容，着力培养学生的职业道德、职业技能和就业能力；同时将财务会计教师的理论教学与实训问题融合，实现了教、学、做的统一，有利于学生掌握财务会计基本操作技能并提升学生的动手能力。

第二，重点突出。本书针对财务会计基本技能进行分模块实训，各模块的内容都是按照从基础理论到一般原理再到实际应用的体例编排的，引领学生在模块学习中逐步实现从入门到理解，从理解到应用，再从应用到重点突破。

第三，政策性强。本书的编写以国家最新颁布的会计法、会计准则、会计制度、税法、票据法规为依据，从知识性、实用性、政策性出发，学生通过完成各模块实训的任务，能够在较短的时间内达到会计理论与会计实际操作相结合的目的。

本书由阳葵兰任主编，广州市源晟会计师事务所所长段红兵、经理陈碧龙任副主编。来自企业的两位副主编提供了大量有价值的图表内容；阳葵兰负责拟订大纲、组织与协调全书的写作工作。

本书在编写过程中参考并借鉴了有关会计技能方面的参考文献，在此谨向作者致谢。

由于时间仓促，加之编者水平有限，本书难免有不足之处，恳请读者不吝指正，以使本书渐臻完善，编者联系方式为：894761241@qq.com。

编者
2021年1月

目录

导读

财务会计应用能力训练指南

一、训练基本要求

1. 训练地点的选择

财务会计应用能力训练最好在会计实训室进行，以实现教、学、做的一体化，提高教学效果。如果不具备训练条件，也可以在普通教室组织教学。

2. 训练用品的准备

在上课前要准备好需要的训练用品，包括通用记账凭证、印泥、专用记账笔、计算工具等。

二、训练主要内容

（1）财务会计应用能力训练包括货币资金应用能力训练、存货应用能力训练、固定资产与无形资产应用能力训练、金融资产与长期股权投资应用能力训练、负债应用能力训练、所有者权益应用能力训练、收入确认应用能力训练、所得税会计应用能力训练、利润及利润分配会计应用能力训练九大模块。

（2）根据审核无误后的原始凭证分析经济业务，编制会计分录。

（3）根据各经济业务的会计分录填写通用记账凭证。

三、训练目的

本教材突出以能力为本位的模块化教学模式，通过财务会计应用能力的训练，加深学生对财务会计理论知识的理解，提高学生财务会计的实际操作能力。经过实训，学生能够根据原始凭证分析经济业务，根据审核无误后的原始凭证填写记账凭证。

四、训练会计核算流程和方法

（1）财务处理流程采用科目汇总表核算程序。

（2）存货核算方法，存货的收发结存采用实际成本核算方法。

（3）应收、应付票据均为不带息票据。

（4）增值税税率为 13%。

（5）库存现金的限额为 5 000 元。

模块一 货币资金应用能力训练

（一）训练目的

熟悉货币资金的结算，了解银行结算业务处理程序，根据原始凭证填制记账凭证。

（二）训练资料

1. 企业名称：广北学康实业有限公司
2. 企业地址、电话：广东省广州市康庄大道 88 号；020-82376666
3. 企业类型：增值税一般纳税人
4. 注册资本：1 000 万元
5. 营业执照：020883636
6. 经营范围：生产销售 A、B 两种产品
7. 法人代表：师康
8. 纳税登记号：440104100543938
9. 开户银行：中国工商银行广北天河支行
10. 账号：6222083602009818128
11. 财务组织及人员分工：

总经理：司理

财务经理：范玉

会计主管：方华

销售主管：池丽

生产、采购主管：蒋鸿

出纳：李阳

制证会计：张林
记账会计：王海
审核：马祥
领料员：肖芬
仓库保管：金兰
采购：任红
12. 银行预留印鉴（见图 1-1）：

图 1-1 银行预留印鉴

（三）训练内容

No. 1
要求：根据图 1-3 所示原始凭证编制图 1-2 的记账凭证。

记 账 凭 证

广州市财政局
监制
标准会计凭证账簿系列

年 月 日 字第 号

摘 要	会计科目		借方金额											贷方金额											记账√
	总账科目	明细科目	亿	千	百	十	万	千	百	十	元	角	分	亿	千	百	十	万	千	百	十	元	角	分	
附件 张	合 计																								

会计主管 记账 出纳 审核 制证

图 1-2 记账凭证

中国工商银行

现金支票存根

No：03666666
77770001

附加信息

出票日期：2021 年 3 月 1 日

收款人：广北学康实业有限公司

金额：￥1 000.00

用途：备用金

单位主管 师康　会计 王海

图 1-3　原始凭证

No. 2

要求：根据图 1-5 所示原始凭证编制图 1-4 的记账凭证。

广州市财政局 监制 标准会计凭证账簿系列

记账凭证

年　月　日　　　　字第　号

摘要	会计科目		借方金额											贷方金额											记账√
	总账科目	明细科目	亿	千	百	十	万	千	百	十	元	角	分	亿	千	百	十	万	千	百	十	元	角	分	
附件　张	合计																								

会计主管　　记账　　出纳　　审核　　制证

图 1-4　记账凭证

收 款 收 据

2021 年 3 月 1 日　　　　　　　　　　No. 0000001

交款单位或交款人	吴刚	收款方式	现金
事由：差旅费余款 金额（人民币大写）：贰佰元整　　¥ 200.00	现金收讫		备注 广北学康实业有限公司 财务专用章

第三联：记账联

收款人：李阳　　　　　　　　收款单位（盖章）

（第一、第二联略）

图 1-5　原始凭证

No. 3

要求：根据图 1-7 所示原始凭证编制图 1-6 的记账凭证。

记 账 凭 证

广州市财政局监制
标准会计凭证账簿系列

年　月　日　　　　　　　　　　字第　号

摘　要	会计科目		借方金额										贷方金额										记账√
	总账科目	明细科目	亿	千	百	十	万	千	百	十	元	角分	亿	千	百	十	万	千	百	十	元	角分	
附件　张	合　计																						

会计主管　　　　记账　　　　出纳　　　　审核　　　　制证

图 1-6　记账凭证

收 款 收 据

No. 0000011

客户名称：广北学康实业有限公司　　　　　　　　　　　　日期：2021 年 3 月 2 日

品名	规格	数量	单价	金额					
				万	千	百	十	元	角
办公用品	批	1			1	5	0	0	0
现金付讫									
合计				¥	1	5	0	0	0
合计金额（大写）人民币壹仟伍佰元整									
收款人：张丰	经办人：方红		企业盖章（广州佶星公司 财务专用章）						

第二联：客户联

（第一、第三联略）

图 1-7　原始凭证

No. 4

要求：根据图 1-9 所示原始凭证编制图 1-8 的记账凭证。

记 账 凭 证

（广州市财政局监制 标准会计凭证账簿系列）

年　月　日　　　　　　　　　　　　　　字第　号

摘　要	会计科目		借方金额											贷方金额											记账
	总账科目	明细科目	亿	千	百	十	万	千	百	十	元	角	分	亿	千	百	十	万	千	百	十	元	角	分	√
附件　张	合　计																								

会计主管　　　　记账　　　　出纳　　　　审核　　　　制证

图 1-8　记账凭证

借　款　单

2021 年 3 月 2 日

借款部门	销售部		借款人	黄芳		
借款用途	参加展销会　　现金付讫					
借款金额（大写）	人民币叁仟元整		（小写）￥3 000.00			
批准人	师 康	会计	王 海	出纳	李 阳	

备注：3 月 2 日，销售人员黄芳出差，预借差旅费 3 000 元。

图 1-9　原始凭证

No. 5

要求：根据图 1-11 所示原始凭证编制图 1-10 的记账凭证。

记　账　凭　证

广州市财政局监制 标准会计凭证账簿系列

年　月　日　　　　　　　　　　字第　号

摘　要	会计科目		借方金额											贷方金额											记账
	总账科目	明细科目	亿	千	百	十	万	千	百	十	元	角	分	亿	千	百	十	万	千	百	十	元	角	分	√
附件　　张	合　计																								

会计主管　　　　记账　　　　出纳　　　　审核　　　　制证

图 1-10　记账凭证

中国工商银行
转账支票存根
No：10203333 99990001
附加信息
出票日期：2021 年 3 月 3 日
收款人：海珠机电有限公司
金额：￥464 000.00
用途：偿还前欠货款
单位主管 师康　会计 王海

图 1-11　原始凭证

No. 6

要求：根据图 1-13 所示原始凭证编制图 1-12 的记账凭证。

记　账　凭　证

广州市财政局监制 标准会计凭证账簿系列

年　月　日　　　　字第　号

摘　要	会计科目		借方金额										贷方金额										记账√
	总账科目	明细科目	亿	千	百	十	万	千	百	十	元	角	分	亿	千	百	十	万	千	百	十	元	角	分	
附件　张	合　计																							

会计主管　　记账　　出纳　　审核　　制证

图 1-12　记账凭证

中国工商银行进账单（收账通知） 1

2021 年 3 月 4 日　　　　第 10 号

出票人	全　称	广州华光公司	收款人	全　称	广北学康实业有限公司
	账　号	6222084900652377218		账　号	6222083602009818128
	开户银行	广州市工行东城支行		开户银行	中国工商银行广北市天河支行

		千	百	十	万	千	百	十	元	角	分
人民币（大写）叁拾万元整			¥	3	0	0	0	0	0	0	0

票据种类	银行汇票	
票据张数	2 张	
单位主管　会计　复核　记账		持票人开户行盖章

中国工商银行
广北天河支行
2021.03.04
转讫

此联是持票人开户银行交给持票人的收账通知

备注：收到广州华光公司追加投资款。

图 1-13　原始凭证

No. 7

要求：根据图 1-15 所示原始凭证编制图 1-14 的记账凭证。

广州市财政局监制
标准会计凭证账簿系列

记　账　凭　证

年　月　日　　　　字第　号

摘　要	会计科目		借方金额											贷方金额											记账
	总账科目	明细科目	亿	千	百	十	万	千	百	十	元	角	分	亿	千	百	十	万	千	百	十	元	角	分	√
附件　　张	合　计																								

会计主管　　记账　　出纳　　审核　　制证

图 1-14　记账凭证

中国工商银行进账单（收账通知） 1

2021 年 3 月 5 日　　　　第 11 号

付款人	全　称	财友有限责任公司	收款人	全　称	广北学康实业有限公司
	账　号	2300011600326100428		账　号	6222083602009818128
	开户银行	中山市工行山城支行		开户银行	中国工商银行广北市天河支行
人民币（大写）陆万柒仟捌佰元整			千百十万千百十元角分	¥ 6 7 8 0 0 0 0	
票据种类	转账支票				
票据张数	1 张				
单位主管　会计　复核　记账			持票人开户行盖章		

中国工商银行 广北天河支行 2021.03.07 转讫

此联是持票人开户银行交给持票人的收账通知

备注：收回前欠货款。

图 1-15　原始凭证

No. 8

要求：根据图 1-17 所示原始凭证编制图 1-16 的记账凭证。

记　账　凭　证

广州市财政局监制 标准会计凭证账簿系列

年　月　日　　　　字第　号

摘　要	会计科目		借方金额	贷方金额	记账√
	总账科目	明细科目	亿千百十万千百十元角分	亿千百十万千百十元角分	
附件　张	合　计				

会计主管　记账　出纳　审核　制证

图 1-16　记账凭证

职工困难补助申请表

2021 年 3 月 6 日

申请人姓名	蒋刚	所在部门	厂部
申请理由	生活困难	平均生活费	￥1 000.00
申请金额	捌佰元整	￥800.00	
工会小组意见	同意	领款人签字	蒋刚

图 1-17　原始凭证

No. 9

要求：根据图 1-19、图 1-20、图 1-21、图 1-22、图 1-23、图 1-24 所示原始凭证编制图 1-18 的记账凭证。

记　账　凭　证

广州市财政局监制

标准会计凭证账簿系列

年　月　日　　　　　　　　　字第　号

摘　要	会计科目		借方金额											贷方金额											记账√
	总账科目	明细科目	亿	千	百	十	万	千	百	十	元	角	分	亿	千	百	十	万	千	百	十	元	角	分	
附件　张	合　计																								

会计主管　　　　记账　　　　出纳　　　　审核　　　　制证

图 1-18　记账凭证

广东省增值税专用发票

（印章：全国统一发票监制章 广东省 国家税务局监制）

记 账 联

No. 00287966

开票日期：2021 年 3 月 7 日

购货单位	名　　　称：新华建材有限公司 纳税人识别号：4000070104013186 地 址 、电 话：新华路 6 号　027-88824760 开户行及账号：工行石化支行 00044900652377218				密码区	略	
货物及应税劳务名称	规格型号	单位	数量	单价	金额	税率	税额
A 产品		件	2 000	200	400 000. 00	13%	52 000. 00
合计					¥400 000. 00		¥52 000. 00
价税合计（大写）	人民币肆拾伍万贰仟元整					（小写）	¥452 000. 00
销货单位	名　　　称：广北学康实业有限公司 纳税人识别号：440104100543938 地 址 、电 话：康庄大道 88 号；020-82376666 开户行及账号：工行天河 6222083602009818128				备注	广北学康实业有限公司 发票专用章 税号：440104100543938	

第一联：记账联　销售方记账凭证

收款人：李阳　　　复核：马祥　　　开票人：王海　　　销货单位（章）：

图 1-19　原始凭证 1

广东省增值税专用发票

（印章：全国统一发票监制章 广东省 国家税务局监制）

记 账 联

No. 00287966

开票日期：2021 年 3 月 7 日

购货单位	名　　　称：新华建材有限公司 纳税人识别号：4000070104013186 地 址 、电 话：新华路 6 号　027-88824760 开户行及账号：工行石化支行 00044900652377218				密码区	略	
货物及应税劳务名称	规格型号	单位	数量	单价	金额	税率	税额
A 产品		件	2 000	200	400 000. 00	13%	52 000. 00
合计					¥400 000. 00		¥52 000. 00
价税合计（大写）	人民币肆拾伍万贰仟元整					（小写）	¥452 000. 00
销货单位	名　　　称：广北学康实业有限公司 纳税人识别号：440104100543938 地 址 、电 话：康庄大道 88 号；020-82376666 开户行及账号：工行天河 6222083602009818128				备注	广北学康实业有限公司 发票专用章 税号：440104100543938	

第二联：抵扣联　购买方扣税凭证

收款人：李阳　　　复核：马祥　　　开票人：王海　　　销货单位（章）：

图 1-20　原始凭证 2

广东省增值税专用发票

广东省

记 账 联

No. 00287966

开票日期：2021 年 3 月 7 日

购货单位	名　称：新华建材有限公司 纳税人识别号：4000070104013186 地 址 、电 话：新华路 6 号　027-88824760 开户行及账号：工行石化支行 00044900652377218				密码区	略	
货物及应税劳务名称	规格型号	单位	数量	单价	金额	税率	税额
A 产品		件	2 000	200	400 000.00	13%	52 000.00
合计					¥400 000.00		¥52 000.00
价税合计（大写）	人民币肆拾伍万贰仟元整				（小写）¥452 000.00		
销货单位	名　称：广北学康实业有限公司 纳税人识别号：440104100543938 地 址 、电 话：康庄大道 88 号；020-82376666 开户行及账号：工行天河 6222083602009818128				备注	广北学康实业有限公司 发票专用章 税号：440104100543938	

第三联：发票联　购买方记账凭证

收款人：李阳　　复核：马祥　　开票人：王海　　销货单位（章）：

图 1-21　原始凭证 3

中国工商银行转账支票

10203333
99990002

出票日期（大写）贰零贰壹年零叁月零柒日　付款行名称：新华市商业银行

收款人：广北学康实业有限公司　　出票人账号：20140203081687179844

人民币（大写）	百	十	万	千	百	十	元	角	分
肆拾伍万贰仟元整		4	5	2	0	0	0	0	0

本支票付款期限十天

用途 货款

上列款项请从

我账户内支付

出票人签章　新华建材有限公司 财务专用章　印刘 章欢

复核　　记账

图 1-22　原始凭证 4

中国工商银行进账单（回单）　1

2021 年 3 月 7 日　　　　第 12 号

出票人	全　称	新华建材有限公司	收款人	全　称	广北学康实业有限公司
	账　号	2014020308168717984		账　号	6222083602009818128
	开户银行	新华市商业银行		开户银行	工商行广北天河支行

金额	人民币（大写）肆拾伍万贰仟元整	百	十	万	千	百	十	元	角	分
		¥	4	5	2	0	0	0	0	0

票据种类	转账支票	票据张数	壹
票据号码	1020333399990002		

中国工商银行
广北天河支行
2021.03.07
转讫

复核　　记账　　　　开户银行签章

此联是银行交给持票人的回单

（第二、三联略）

图 1-23　原始凭证 5

产成品出库单　　No:

2021 年 3 月 30 日　　单位：元

产品名称	单位	数量	单位成本	金额	用途或原因
A 产品		2 000			销售
合　计		2 000			

部门主管：池丽　　保管：金兰　　经手人：马英

图 1-24　原始凭证 6

No. 10

要求：根据图 1-26、图 1-27 所示原始凭证编制图 1-25 的记账凭证。

记　账　凭　证

广州市财政局监制
标准会计凭证账簿系列

年　月　日　　　　字第　号

摘　要	会计科目		借方金额										贷方金额										记账
	总账科目	明细科目	亿	千	百	十	万	千	百	十	元	角	分	亿	千	百	十	万	千	百	十	元	角	分	√
附件　张	合　计																								

会计主管　　记账　　出纳　　审核　　制证

图 1-25　记账凭证

收 款 收 据

2021 年 3 月 8 日　　　　No. 0000002

交款单位或交款人	黄芳	收款方式	现金
事由：差旅费余款 金额（人民币大写）：叁佰元整　　¥ 300.00		备注 广北学康实业有限公司 财务专用章	

第三联：记账联

收款人：李阳　　　　收款单位（盖章）

（第一、第二联略）

图 1-26　原始凭证 1

差旅费报销单

部门：销售部　　　　2021 年 3 月 8 日

姓名		黄 芳				出差事由		参加展销会			自 2021 年 3 月 2 日 至 2021 年 3 月 8 日				共 7 天	
起讫时间及地点						车船票		夜间乘车补助费			出差乘补费			住宿费	其他	
月	日	起	月	日	讫	类别	金额	时间	标准	金额	日数	标准	金额	金额	项目	金额
3	2	海湛	3	2	广北	飞机	800									
3	8	广北	3	8	海湛	飞机	800				5	50	250	800	打的	50
小计							1 600						250	800		50
合计金额（大写）：人民币贰仟柒佰元整															¥ 2 700.00	
备注：预借 3 000.00　核销 2 700.00　退补 300.00																

附单据 共肆张

单位领导：师康　　财务主管：方华　　审核：马祥　　填报人：黄 芳

图 1-27　原始凭证 2

No. 11

要求：根据图 1-29 所示原始凭证编制图 1-28 的记账凭证。

记 账 凭 证

（广州市财政局监制 标准会计凭证账簿系列）

年 月 日　　　　字第　号

摘 要	会计科目		借方金额											贷方金额											记账
	总账科目	明细科目	亿	千	百	十	万	千	百	十	元	角	分	亿	千	百	十	万	千	百	十	元	角	分	√
附件 张	合 计																								

会计主管　　　记账　　　出纳　　　审核　　　制证

图 1-28　记账凭证

借 款 借 据（代收账通知）

2021 年 3 月 9 日

名 称	广北学康实业有限公司	借款单位	名 称	广北学康实业有限公司
往来账户	060101100228068		放款账户	060101100132029
开户银行	工行广北天河支行		开户银行	工行广北天河支行
还款期限	约定还款日期为 6 月 30 日	起息日期		2021. 3. 9

金 额	人民币（大写）贰拾万元整	亿	千	百	十	万	千	百	十	元	角	分
				¥	2	0	0	0	0	0	0	0

借款原因	临时	利率	4. 35%
实际借款用途	购货	展期到期日 年 月 日	利率

借款单位预留财务专用章及法人代表鉴章 （广北学康实业有限公司 财务专用章） （印章 师康）	上述借款业已同意贷给并转入你单位往来账户，借款到期时应按期归还。 此致 借款单位 （银行盖章） （中国工商银行 广北天河支行 2021.03.09 转讫） 2021 年 3 月 9 日

第四联 借款借据

图 1-29　原始凭证

No. 12

要求：根据图 1-31 所示原始凭证编制图 1-30 的记账凭证。

记 账 凭 证

（广州市财政局 监制 标准会计凭证账簿系列）

年 月 日　　　　　　　　字第 号

摘 要	会计科目		借方金额											贷方金额											记账
	总账科目	明细科目	亿	千	百	十	万	千	百	十	元	角	分	亿	千	百	十	万	千	百	十	元	角	分	√
附件 张	合 计																								

会计主管　　　　记账　　　　出纳　　　　审核　　　　制证

图 1-30　记账凭证

中国工商银行汇票申请书（存根）

申请日期：2021 年 3 月 9 日

申 请 人	广北学康实业有限公司	收 款 人	武汉市杨子公司
账号或住址	6222083602009818128	账号或住址	070101100122028
用 途	购货	代理付款行	武汉市工行杨子路分理处
金 额	人民币（大写）伍拾万元整	亿 千 百 十 万 千 百 十 元 角 分	¥ 5 0 0 0 0 0 0 0
备注： （中国工商银行 广北天河支行 2021.03.09 转讫）		科目 对方科目 财务主管　　复核　　经办	

第三联：记账联

图 1-31　原始凭证

No. 13

要求：根据图 1-33、图 1-34 所示原始凭证编制图 1-32 的记账凭证。

记 账 凭 证

年 月 日　　　　字第 号

摘 要	会计科目		借方金额											贷方金额											记账
	总账科目	明细科目	亿	千	百	十	万	千	百	十	元	角	分	亿	千	百	十	万	千	百	十	元	角	分	√
附件 张	合 计																								

会计主管　　记账　　出纳　　审核　　制证

图 1-32 记账凭证

中国工商银行 转账支票存根 No：10203333 99990003
附加信息
出票日期：2021 年 3 月 10 日
收款人：广北学康实业有限公司
金额：￥102 486.00
用途：发放工资
单位主管 师 康　会计 王 海

图 1-33 原始凭证 1

模块一 货币资金应用能力训练

2 月份工资结算汇总表

2021 年 3 月 10 日　　　　单位：元

转账付讫

车间、部门		基本工资	岗位工资	工资总额	代扣项目				实发工资
					养老保险金	住房公积金	个人所得税	合计	
生产车间工人工资	A 产品	30 000	5 000	35 000	2 800	1 750	1 000	5 550	29 450
	B 产品	20 000	5 000	25 000	2 000	1 250	1 000	4 250	20 750
车间管理人员工资		25 000	5 000	30 000	2 400	1 500	1 000	4 900	25 100
行政管理人员工资		15 000	5 000	20 000	1 600	1 000	1 500	4 100	15 900
销售部门人员工资		10 000	4 000	14 000	1 120	700	894	2 714	11 286
合计		100 000	24 000	124 000	9 920	6 200	5 394	21 514	102 486

财务主管：方华　　　审核：马祥　　　制单：王海

图 1-34　原始凭证 2

No. 14

要求：根据图 1-36、图 1-37 所示原始凭证编制图 1-35 的记账凭证。

记账凭证

广州市财政局 监制 标准会计凭证账簿系列

年　月　日　　　　字第　号

摘要	会计科目		借方金额											贷方金额											记账
	总账科目	明细科目	亿	千	百	十	万	千	百	十	元	角	分	亿	千	百	十	万	千	百	十	元	角	分	√
附件　　张	合计																								

会计主管　　记账　　出纳　　审核　　制证

图 1-35　记账凭证

广东省财政厅
广州市非经营性收据
票据监制章

2021 年 3 月 10 日

收到：广北学康实业有限公司

摘　要	金　额									
	千	百	十	万	千	百	十	元	角	分
2021 年 2 月份社保费			¥	2	4	8	0	0	0	0
合计人民币（大写）贰万肆仟捌佰元整										
备注										

广州市社保局 财务专用章

转账付讫

收款单位（财务公章）　　会计：方好　收款人：张晓　经手人：李池

备注：单位承担金额为 14 880 元，个人承担金额为 9 920 元。

图 1-36　原始凭证 1

中国工商银行

转账支票存根

No：10203333
99990004

附加信息

出票日期：2021 年 3 月 10 日

收款人：广北学康实业有限公司

金额：￥24 800. 00

用途：支付养老保险费

单位主管 师康　会计 王海

图 1-37　原始凭证 2

No. 15

要求：根据图 1-39、图 1-40 所示原始凭证编制图 1-38 的记账凭证。

广州市财政局 监制 标准会计凭证账簿系列

记 账 凭 证

年 月 日　　　　字第 号

摘 要	会计科目		借方金额										贷方金额										记账√
	总账科目	明细科目	亿	千	百	十	万	千	百	十	元	角	分	亿	千	百	十	万	千	百	十	元	角	分	
附件 张	合 计																								

会计主管　　　　记账　　　　出纳　　　　审核　　　　制证

图 1-38 记账凭证

广北市住房公积金汇缴款书

2021 年 3 月 10 日

单位名称	广北学康实业有限公司		
公积金账号	83379865236100080		
开户网点	天河区	受理网点	天河路

汇缴		交款方式	现金支票		其他	

人民币（大写）	亿	千	百	十	万	千	百	十	元	角	分
壹万贰仟肆佰元整				¥	1	2	4	0	0	0	0

上月汇缴		本月增加汇缴		本月减少汇缴		本月汇缴	
人数	金额	人数	金额	人数	金额	人数	金额
单位公章						上列款项已转入你账户	

中国工商银行 广北天河支行 2021.03.10 转讫

广北学康实业有限公司

广北市住房公积金管理局 财务专用章

备注：假设个人承担 5%、单位承担 5%。

图 1-39 原始凭证 1

中国工商银行 转账支票存根 No：10203333 99990005
附加信息
出票日期：2021 年 3 月 10 日
收款人：广北学康实业有限公司
金额：￥12 400.00
用途：支付住房公积金
单位主管 师康　会计 王海

图 1-40　原始凭证 2

No. 16

要求：根据图 1-42、图 1-43、图 1-44 所示原始凭证编制图 1-41 的记账凭证。

记　账　凭　证

广州市财政局 监制 标准会计凭证账簿系列

年　月　日　　　　字第　号

摘要	会计科目		借方金额											贷方金额											记账
	总账科目	明细科目	亿	千	百	十	万	千	百	十	元	角	分	亿	千	百	十	万	千	百	十	元	角	分	√
附件　张	合计																								

会计主管　　记账　　出纳　　审核　　制证

图 1-41　记账凭证

中华人民共和国
税收
地税收缴款书

隶属关系：县级市　　广地缴电 0254381 号

注册类型：其他有限责任公司　　填发日期：2021 年 3 月 10 日　　征收机关：广北市地税局

缴款单位	代码	365230101090616	预算科目	编码	
	全称	广北学康实业有限公司		款项	个人所得税
	开户银行	工行天河支行		级次	县（市）级
	账号	6222083602009818128	收缴国库		广北市支库
税款所属时期　2021 年 2 月			税款限缴日期　2021 年 3 月 10 日		
品目名称	课税数量	计税金额或销售收入	税率或单位税额	已缴或扣除额	实缴金额
个人所得税					540.00
金额合计（大写）人民币伍佰肆拾元整				（小写）￥540.00	
经办人：王子君	填票人：池国民	上列款项已核收记入收款单位账户 国库（银行）盖章			备注

第一联　收据国库收款盖章后退缴款单位作完税凭证

图 1-42　原始凭证 1

中华人民共和国
税收
地税收缴款书

隶属关系：县级市　　广地缴电 0254382 号

注册类型：其他有限责任公司　　填发日期：2021 年 3 月 10 日　　征收机关：广北市地税局

缴款单位	代码	365230101090616	预算科目	编码	
	全称	广北学康实业有限公司		款项	教育费附加
	开户银行	工行天河支行		级次	县（市）级
	账号	6222083602009818128	收缴国库		广北市支库
税款所属时期　2021 年 2 月			税款限缴日期　2021 年 3 月 10 日		
品目名称	课税数量	计税金额或销售收入	税率或单位税额	已缴或扣除额	实缴金额
教育费附加		200 000.00	3%		6 000.00
金额合计（大写）人民币陆仟元整				（小写）￥6 000.00	
经办人：王子君	填票人：池国民	上列款项已核收记入收款单位账户 国库（银行）盖章			备注

第一联　收据国库收款盖章后退缴款单位作完税凭证

图 1-43　原始凭证 2

中华人民共和国

税收

地税收缴款书

隶属关系：县级市　　　　　　　　　　　　　　　　　　　　广地缴电 0254383 号

注册类型：其他有限责任公司　　填发日期：2021 年 3 月 10 日　　征收机关：广北市地税局

<table>
<tr><td rowspan="4">缴款单位</td><td>代码</td><td colspan="2">365230101090616</td><td rowspan="3">预算科目</td><td>编码</td><td colspan="2"></td><td rowspan="8">第一联 收据国库收款盖章后退缴款单位作完税凭证</td></tr>
<tr><td>全称</td><td colspan="2">广北学康实业有限公司</td><td>款项</td><td colspan="2">城市建设维护税</td></tr>
<tr><td>开户银行</td><td colspan="2">工行天河支行</td><td>级次</td><td colspan="2">县（市）级</td></tr>
<tr><td>账号</td><td colspan="2">6222083602009818128</td><td colspan="2">收缴国库</td><td colspan="2">广北市支库</td></tr>
<tr><td colspan="4">税款所属时期　2021 年 2 月</td><td colspan="4">税款限缴日期　2021 年 3 月 10 日</td></tr>
<tr><td colspan="2">品目名称</td><td>课税数量</td><td>计税金额或销售收入</td><td>税率或单位税额</td><td>已缴或扣除额</td><td colspan="2">实缴金额</td></tr>
<tr><td colspan="2">城市建设维护税</td><td></td><td>200 000.00</td><td>7%</td><td></td><td colspan="2">14 000.00</td></tr>
<tr><td colspan="8">金额合计（大写）人民币壹万肆仟元整　　　　（小写）￥14 000.00</td></tr>
<tr><td colspan="2">经办人：王子君</td><td>填票人：池国民</td><td colspan="3">上列款项已核收记入收款单位账户
国库（银行）盖章</td><td colspan="2">备注</td></tr>
</table>

图 1-44　原始凭证 3

No. 17

要求：根据图 1-46、图 1-47 所示原始凭证编制图 1-45 的记账凭证。

记账凭证

年　月　日　　　　　　　　　　　　　字第　号

摘要	会计科目		借方金额											贷方金额											记账
	总账科目	明细科目	亿	千	百	十	万	千	百	十	元	角	分	亿	千	百	十	万	千	百	十	元	角	分	√
附件　张	合计																								

会计主管　　　　记账　　　　出纳　　　　审核　　　　制证

图 1-45　记账凭证

中华人民共和国
税收
地税收缴款书

隶属关系：县级市　　　　　　　　　　　　　　　　　　　　　　　　广地缴电 0254384 号

注册类型：其他有限责任公司　　填发日期：2021 年 3 月 10 日　　征收机关：广北市国税局

缴款单位	代码	365230101090616	预算科目	编码	
	全称	广北学康实业有限公司		款项	增值税
	开户银行	工行天河支行		级次	县（市）级
	账号	6222083602009818128	收缴国库		广北市支库
税款所属时期 2021 年 2 月			税款限缴日期 2021 年 3 月 10 日		
品目名称	课税数量	计税金额或销售收入	税率或单位税额	已缴或扣除额	实缴金额
增值税			13%	中国工商银行 广北天河支行	200 000.00
金额合计（大写）人民币贰拾万元整				2021.03.10（小写）	¥200 000.00
经办人：王子君	填票人：池国民	转讫 上列款项已核收记入收款单位账户 国库（银行）盖章			备注

（印章：广北市地方税务局 征税专用章）

第一联 收据国库收款盖章后退缴款单位作完税凭证

图 1-46　原始凭证 1

中华人民共和国
税收
地税收缴款书

隶属关系：县级市　　　　　　　　　　　　　　　　　　　　　　　　广地缴电 0254385 号

注册类型：其他有限责任公司　　填发日期：2021 年 3 月 10 日　　征收机关：广北市国税局

缴款单位	代码	365230101090616	预算科目	编码	
	全称	广北学康实业有限公司		款项	企业所得税
	开户银行	工行天河支行		级次	县（市）级
	账号	6222083602009818128	收缴国库		广北市支库
税款所属时期 2021 年 2 月			税款限缴日期 2021 年 3 月 10 日		
品目名称	课税数量	计税金额或销售收入	税率或单位税额	已缴或扣除额	实缴金额
所得税		32 000.00	25%	中国工商银行 广北天河支行	8 000.00
金额合计（大写）人民币捌仟元整				2021.03.10（小写）	¥8 000.00
经办人：王子君	填票人：池国民	转讫 上列款项已核收记入收款单位账户 国库（银行）盖章			备注

（印章：广北市地方税务局 征税专用章）

第一联 收据国库收款盖章后退缴款单位作完税凭证

图 1-47　原始凭证 2

No. 18

要求：根据图 1-49 所示原始凭证编制图 1-48 的记账凭证。

记 账 凭 证

广州市财政局监制 标准会计凭证账簿系列

年 月 日　　　　字第 号

摘 要	会计科目		借方金额											贷方金额											记账√
	总账科目	明细科目	亿	千	百	十	万	千	百	十	元	角	分	亿	千	百	十	万	千	百	十	元	角	分	
附件 张	合 计																								

会计主管　　　　记账　　　　出纳　　　　审核　　　　制证

图 1-48 记账凭证

中国工商银行电汇凭证（回单） 1

2021 年 3 月 11 日　　　　第 0083111 号

汇款人	全 称	广北学康实业有限公司			收款人	全 称	牛星公司		
	账号或住址	6222083602009818128				账号或住址	874-864-543		
	汇出地点	广东省广北市	汇出行名称	工行天河支行		汇入地点	山东省青岛市	汇入行名称	青岛分理处

金额	人民币（大写）伍万元整	亿	千	百	十	万	千	百	十	元	角	分
					¥	5	0	0	0	0	0	0

汇款用途：还款

中国工商银行 广北天河支行 2021.03.11 转讫

汇出行盖章

单位主管　会计　　复核　　记账　　　　年 月 日

此联是汇出行交给汇款人的回单

图 1-49 原始凭证

No. 19

要求：根据图 1-51、图 1-52 所示原始凭证编制图 1-50 的记账凭证。

记 账 凭 证

年 月 日　　　　字第 号

摘 要	会计科目		借方金额											贷方金额											记账√
	总账科目	明细科目	亿	千	百	十	万	千	百	十	元	角	分	亿	千	百	十	万	千	百	十	元	角	分	
附件 张	合 计																								

会计主管　　　记账　　　出纳　　　审核　　　制证

图 1-50　记账凭证

广东增值税专用发票

记 账 联

No. 0028797

开票日期：2021 年 3 月 12 日

购货单位	名 称：广北学康实业有限公司 纳税人识别号：440104100543938 地 址 、电 话：康庄大道 88 号；020-82376666 开户行及账号：工行石化支行 6222083602009818128				密码区	略	
货物及应税劳务名称	规格型号	单位	数量	单价	金额	税率	税额
广告费			1	6 000.00	6 000.00	6%	360.00
合计					¥6 000.00		¥360.00
价税合计（大写）	人民币陆仟叁佰陆拾元整				（小写）¥6 360.00		
销货单位	名 称：广北广播电视发展中心 纳税人识别号：440104100689651 地 址 、电 话：人民北路 686 号；020-26185000 开户行及账号：工行小北 6222083602008818166				备注	广北广播电视发展中心 发票专用章 税号：440104100689651	

第三联：发票联 购买方记账凭证

收款人：李阳　　　复核：马祥　　　开票人：王海　　　销货单位（章）：

图 1-51　原始凭证 1

中国工商银行

转账支票存根

No：10203333
99990006

附加信息

出票日期：2021 年 3 月 12 日

收款人：广北广播电视发展中心

金额：￥6 360.00

用途：支付广告费

单位主管 师 康　会计 王 海

图 1-52　**原始凭证 2**

No. 20

要求：根据图 1-54 所示原始凭证编制图 1-53 的记账凭证。

记 账 凭 证

广州市财政局 监制 标准会计凭证账簿系列

年　月　日　　字第　号

摘　要	会计科目		借方金额										贷方金额										记账
	总账科目	明细科目	亿	千	百	十	万	千	百	十	元	角	分	亿	千	百	十	万	千	百	十	元	角	分	√
附件　　张	合　计																								

会计主管　　记账　　出纳　　审核　　制证

图 1-53　**记账凭证**

中国工商银行信汇凭证（回单） 1

2021 年 3 月 13 日　　　　第 0789113 号

收款单位	全　称	泰山实验有限公司			汇款单位	全　称	广北学康实业有限公司		
	账号或住址	2403166819				账号或住址	6222083602009818128		
	汇入地点	广东省泰山市	汇入行名称	工行南站办		汇出地点	山东省广北市	汇出行名称	工行天河支行

金额	人民币（大写）壹拾陆万捌仟元整	亿	千	百	十	万	千	百	十	元	角	分
				¥	1	6	8	0	0	0	0	0

汇款用途：预付货款	汇出行盖章
上列款项已根据委托办理，如需查询，请持此回单来行面洽。	
单位主管　　会计　　复核　　记账	年　月　日

中国工商银行 广北天河支行 2021.03.13 转讫

此联是汇出银行交给汇款单位的回单

图 1-54　原始凭证

No. 21

要求：根据图 1-56、图 1-57、图 1-58、图 1-59 所示原始凭证编制图 1-55 的记账凭证。

记 账 凭 证

广州市财政局监制 标准会计凭证账簿系列

年　月　日　　　　字第　号

摘　要	会计科目		借方金额										贷方金额										记账√
	总账科目	明细科目	亿	千	百	十	万	千	百	十	元	角	分	亿	千	百	十	万	千	百	十	元	角	分	
附件　张	合　计																								

会计主管　　记账　　出纳　　审核　　制证

图 1-55　记账凭证

湖北省增值税专用发票

湖北省

No. 00180213

开票日期：2021 年 3 月 14 日

购货单位	名　　称：广北学康实业有限公司 纳税人识别号：440104100543938 地 址 、电 话：康庄大道 88 号；020-82376666 开户行及账号：工行天河 6222083602009818128	密码区	略

货物及应税劳务名称	规格型号	单位	数量	单价	金额	税率	税额
甲材料	PU	千克	1 000	21	21 000	13%	2 730
乙材料	FJ	千克	2 000	61	122 000	13%	15 860
合计					¥143 000		¥18 590
价税合计（大写）	壹拾陆万壹仟伍佰玖拾元整				（小写）¥161 590.00		

销货单位	名　　称：荆州市前进建材三厂 纳税人识别号：359291040021399 地 址 、电 话：荆门 127 号；0716-54566788 开户行及账号：工行荆支 0776024001468	备注	荆州市前进建材三厂 发票专用章 税号：359291040021399

收款人：李娜　　复核：马墙　　开票人：方燕　　销货单位（章）：

第三联：发票联 购买方记账凭证

图 1-56　原始凭证 1

公路、内河货物运输业统一发票（代开）

荆州

开票日期：2021 年 3 月 14 日　　No. 00356010678

机打代码 机器编号	00125326 20061009	税控码	
收货人及纳税人识别号	广北学康实业有限公司 440104100543938	承运人及纳税人识别号	荆州晓龙汽车运输队 359291040065796
运输项目及金额	公路货物运输 5 000.00	其他及金额	（手写无效） 代开单位盖章 荆州市地方税务局 代开发票专用章 354020876
运费小计	¥5 000.00	其他费用小计	¥0.00
合计（大写）	人民币伍仟元整		（小写）¥5 000.00
代开单位及代号	荆州市地方税务局 354020876	扣缴税额、税率完税凭证号码	450.00（税率）9% 20061007402

开票人：李娜

第二联 发票联 付款方记账凭证

图 1-57　原始凭证 2

运 费 分 配 表

2021 年 3 月 14 日　　　　No. 036301

材料名称	重量（千克）	发生运费	分配率	分配金额（元）
甲材料	1 000			1 520. 00
乙材料	2 000			3 030. 00
合计		4 550. 00	1. 52	

备注：运费按照材料的重量分配，分配率计算结果保留二位小数。

图 1-58　原始凭证 3

中国工商银行 转账支票存根 No：10203333 99990007
附加信息   出票日期：2021 年 3 月 14 日
收款人：荆州市前进建材三厂
金额：￥166 590. 00
用途：支付材料款
单位主管 师 康　会计 王 海

图 1-59　原始凭证 4

No. 22

要求：根据图 1-61、图 1-62 所示原始凭证编制图 1-60 的记账凭证。

记 账 凭 证

广州市财政局监制 标准会计凭证账簿系列

年 月 日 字第 号

摘 要	会计科目		借方金额										贷方金额										记账√
	总账科目	明细科目	亿	千	百	十	万	千	百	十	元	角	分	亿	千	百	十	万	千	百	十	元	角	分	
附件 张	合 计																								

会计主管 记账 出纳 审核 制证

图 1-60 记账凭证

广东省增值税专用发票

全国统一发票监制章 广东省 国家税务局监制

记 账 联

No. 0028798

开票日期：2021 年 3 月 15 日

购货单位	名　　称：广北学康实业有限公司 纳税人识别号：440104100543938 地 址 、电 话：康庄大道 88 号；020-82376666 开户行及账号：工行天河 6222083602009818128				密码区	略	
货物及应税劳务名称	规格型号	单位	数量	单价	金额	税率	税额
地坂修理费			1	40 000. 00	40 000. 00	9%	3 600. 00
合计					¥40 000. 00		¥3 600. 00
价税合计（大写）	人民币肆万叁仟陆佰元整					（小写）¥43 600. 00	
销货单位	名　　称：诚意建筑装饰工程有限公司 纳税人识别号：440104100333666 地 址 、电 话：解放北路 180 号；020-36185123 开户行及账号：工行解支 6222083602008818178				备注	诚意建筑装饰工程有限公司 发票专用章 税号：440104100333666	

第三联：发票联 购买方记账凭证

收款人：张晓　　复核：王祥德　　开票人：陈军　　销货单位（章）：

图 1-61 原始凭证 1

中国工商银行

转账支票存根

No：10203333
99990008

附加信息

出票日期：2021 年 3 月 15 日

收款人：诚意建筑装饰工程有限公司

金额：￥43 600.00

用途：地板修理费

单位主管 师 康　　会计 王 海

图 1-62　原始凭证 2

No. 23

要求：根据图 1-64、图 1-65、图 1-66 所示原始凭证编制图 1-63 的记账凭证。

记 账 凭 证

广州市财政局 监制 标准会计凭证账簿系列

年　月　日　　　　字第　号

摘　要	会计科目		借方金额										贷方金额										记账√
	总账科目	明细科目	亿	千	百	十	万	千	百	十	元	角	分	亿	千	百	十	万	千	百	十	元	角	分	
附件　张	合　计																						

会计主管　　记账　　出纳　　审核　　制证

图 1-63　记账凭证

广东省增值税专用发票

广东省

记 账 联

No. 00287967

开票日期：2021 年 3 月 16 日

购货单位	名　　称：长江公司 纳税人识别号：465280104034568 地 址 、电 话：天河路 16 号　020-23585428 开户行及账号：工行天河支行 4700031509003254896				密码区	略	
货物及应税劳务名称	规格型号	单位	数量	单价	金额	税率	税额
B 产品		件	750	200	150 000. 00	13%	19 500
合计					¥ 150 000		¥ 19 500
价税合计（大写）	人民币壹拾陆万玖仟伍佰元整						（小写）¥ 169 500. 00
销货单位	名　　称：广北学康实业有限公司 纳税人识别号：440104100543938 地 址 、电 话：康庄大道 88 号：020-82376666 开户行及账号：工行天河 6222083602009818128				备注	广北学康实业有限公司 发票专用章 税号：440104100543938	

第一联：记账联　销售方记账凭证

收款人：李阳　　复核：马祥　　开票人：王海　　销货单位（章）：

图 1-64　原始凭证 1

中国工商银行进账单（收账通知）　1

2021 年 3 月 16 日　　第 13 号

付款人	全　称	长江公司	收款人	全　称	广北学康实业有限公司
	账　号	4700031509003254896		账　号	6222083602009818128
	开户银行	工行广北天河支行		开户银行	工行广北天河支行

	千	百	十	万	千	百	十	元	角	分
人民币（大写）壹拾陆万玖仟伍佰元整		¥	1	6	9	5	0	0	0	0

票据种类	转账支票
票据张数	1 张

中国工商银行 广北天河支行 2021.03.17 转讫

单位主管　会计　　复核　　记账　　　　持票人开户行盖章

此联是持票人开户银行交给持票人的收账通知

图 1-65　原始凭证 2

产成品出库单　　　　No:

2021 年 3 月 16 日　　　　单位：元

产品名称	单位	数量	单位成本	金额	用途或原因
B 产品		750			销售
合　计		750			

部门主管：池丽　　　　保管：金兰　　　　经手人：李子民

图 1-66　**原始凭证 3**

No. 24

要求：根据图 1-68、图 1-69、图 1-70 所示原始凭证编制图 1-67 的记账凭证。

记　账　凭　证

广州市财政局 监制 标准会计凭证账簿系列

年　月　日　　　　字第　号

摘　要	会计科目		借方金额											贷方金额											记账
	总账科目	明细科目	亿	千	百	十	万	千	百	十	元	角	分	亿	千	百	十	万	千	百	十	元	角	分	√
附件　　张	合　计																								

会计主管　　　　记账　　　　出纳　　　　审核　　　　制证

图 1-67　**记账凭证**

广东省增值税专用发票

记账联

No. 00287968

开票日期：2021 年 3 月 17 日

购货单位	名　　　称：东蔻工厂 纳税人识别号：465280104034568 地 址 、电 话：宁边路 116 号；020-23534518 开户行及账号：建行广支 4700031509006582934				密码区	略	
货物及应税劳务名称	规格型号	单位	数量	单价	金额	税率	税额
A 产品		件	2 500	200	500 000	13%	65 000
B 产品		件	500	150	75 000	13%	9 750
合计					¥575 000		¥74 750
价税合计（大写）	人民币陆拾肆万玖仟柒佰伍拾元整				（小写）¥649 750. 00		
销货单位	名　　　称：广北学康实业有限公司 纳税人识别号：440104100543938 地 址 、电 话：康庄大道 88 号；020-82376666 开户行及账号：工行天河 6222083602009818128				备注	广北学康实业有限公司 发票专用章 税号：440104100543938	

收款人：李阳　　复核：马祥　　开票人：王海　　销货单位（章）：

第一联：记账联　销售方记账凭证

图 1-68　原始凭证 1

中国工商银行进账单（收账通知）　1

2021 年 3 月 17 日　　第 14 号

付款人	全　　称	东蔻工厂	收款人	全　　称	广北学康实业有限公司
	账　　号	4700031509006582934		账　　号	6222083602009818128
	开户银行	建行广支		开户银行	广北市天河支行
人民币（大写）陆拾肆万玖仟柒佰伍拾元整				千 百 十 万 千 百 十 元 角 分	¥ 6 4 9 7 5 0 0 0
票据种类	转账支票	中国工商银行 广北天河支行 2021.03.17 转讫			
票据张数	1 张				
单位主管　会计　复核　记账				持票人开户行盖章	

此联是持票人开户银行交给持票人的收账通知

图 1-69　原始凭证 2

产成品出库单　　　　No:

2021 年 3 月 17 日　　　　单位：元

产品名称	单位	数量	单位成本	金额	用途或原因
A 产品	件	2 500			销售
B 产品	件	500			销售
合　计		3 000			

部门主管：池丽　　　　保管：金兰　　　　经手人：张丰

图 1-70　原始凭证 3

No. 25

要求：根据图 1-72 所示原始凭证编制图 1-71 的记账凭证。

记　账　凭　证

广州市财政局 监制 标准会计凭证账簿系列

年　月　日　　　　字第　号

摘　要	会计科目		借方金额											贷方金额											记账√
	总账科目	明细科目	亿	千	百	十	万	千	百	十	元	角	分	亿	千	百	十	万	千	百	十	元	角	分	
附件　　张	合　计																								

会计主管　　记账　　出纳　　审核　　制证

图 1-71　记账凭证

第 0013426 号

托收号码：

中国工商银行托收承付结算凭证（收账通知） 4

2021 年 3 月 18 日

承付期限
到期 2021 年 3 月 28 日

收款人	全　称	广北学康实业有限公司			汇款人	全　称	海深专用设备公司
	账号或住址	6222083602009818128				账号或住址	2860834726
	开户银行	工行天支	行号	1876		开户银行	工行海深市营业部

托收金额	人民币（大写）壹拾贰万柒仟玖佰元整	亿	千	百	十	万	千	百	十	元	角	分
				¥	1	2	7	9	0	0	0	0

附　件		商品发运情况	合同名称号码
附寄单证张数或册数	3	中国工商银行 广北民路支行 2021.03.27 转讫	

备注：收到货款	上列款项已由付款单位开户行全额划回并收入你方账户内。 此致 收款单位 （收款单位开户盖章）3 月 27 日	科目________ 对方科目________ 转账　年　月　日 单位主管　　会计 复核　马祥　　记账　王海

此联是收款单位开户银行在款项收妥后给收款单位的收账通知

图 1-72　原始凭证

No. 26

要求：根据图 1-74、图 1-75 所示原始凭证编制图 1-73 的记账凭证。

记　账　凭　证

广州市财政局监制 标准会计凭证账簿系列

年　月　日　　　　字第　号

摘　要	会计科目		借方金额											贷方金额											记账
	总账科目	明细科目	亿	千	百	十	万	千	百	十	元	角	分	亿	千	百	十	万	千	百	十	元	角	分	√
附件　　张	合　计																								

会计主管　　　　记账　　　　出纳　　　　审核　　　　制证

图 1-73　记账凭证

第 07238 号

中国工商银行托收承付结算凭证（付款通知） 5　委收号码：

委 邮　　委托日期：2021 年 3 月 27 日　　付款期限 2021 年 3 月 28 日　延期期限　年　月　日

收款人	全　称	广北市邮电局市话营业部			汇款人	全　称	广北学康实业有限公司										
	账号或住址	6222083602007778899				账号或住址	6222083602009818128										
	开户银行	市工行	行号	2873		开户银行	广北市天河支行										
托收金额	人民币（大写）肆仟零壹拾壹元陆角叁分						亿	千	百	十	万	千	百	十	元	角	分
											¥	4	0	1	1	6	3
款项内容	电话费	委托收款凭据名称	收据			附寄单证张数	1										
备注：		付款人注意： 根据结算方式规定，上列委托收款，如在付款期限内未拒付时，即视同全部同意付款，以此联代支款通知。 如需提前付款或多付少付款时，应另写书面通知送银行办理。 如果全部或部分拒付，应付款期限内另填拒绝付款理由书送银行办理。															

此联是付款单位开户银行通知付承（支款）通知

（印章：中国工商银行 广北天河支行 2021.03.28 业务章）

单位主管：　会计：　复核：马祥　记账：王海　付款单位开户行盖章：

图 1-74　原始凭证 1

广东省增值税专用发票

（印章：全国统一发票监制章 广东省 国家税务局监制）

记 账 联

No. 0028799

开票日期：2021 年 3 月 28 日

购货单位	名　　称：广北学康实业有限公司 纳税人识别号：440104100543938 地 址 、电 话：康庄大道 88 号；020-82376666 开户行及账号：工行天河 6222083602009818128				密码区	略	
货物及应税劳务名称	规格型号	单位	数量	单价	金额	税率	税额
电话费		月	1	3 784. 56	3 784. 56	6%	227. 07
合计					¥3 784. 56		¥227. 07
价税合计（大写）	人民币肆仟零壹拾壹元陆元叁角				（小写） ¥4 011. 63		
销货单位	名　　称：广北市邮电局市话营业部 纳税人识别号：440104100333777 地 址 、电 话：广州大道北 2095 号；020-37351558 开户行及账号：工行江支 6222083602006618173				备注	（印章：广北市邮电局市话营业部 发票专用章 税号：440104100333777）	

第三联：发票联　购买方记账凭证

收款人：沈晓　　复核：顾德　　开票人：胡军　　销货单位（章）：

图 1-75　原始凭证 2

No. 27

要求：根据图 1-77 所示原始凭证编制图 1-76 的记账凭证。

记 账 凭 证

年 月 日　　　　　　字第 号

摘要	会计科目		借方金额										贷方金额										记账√
	总账科目	明细科目	亿	千	百	十	万	千	百	十	元	角	分	亿	千	百	十	万	千	百	十	元	角	分	
附件 张	合计																								

会计主管　　　记账　　　出纳　　　审核　　　制证

图 1-76　记账凭证

中国工商银行　贴　现　凭　证（收账通知）　4

申请日期 2021 年 3 月 28 日　　　　No：23967

持票人	名称	广北学康实业有限公司	贴现汇票	种类	商业承兑汇票	号码 SC 02362
持票人	账号	6222083602009818128	贴现汇票	出票日	2021 年 2 月 22 日	
持票人	开户银行	工行广北天河支行	贴现汇票	到期日	2021 年 5 月 24 日	
汇票承兑人（或银行）	名称	江高有限责任公司	账号	24031894133	开户银行	工行江高营业部
汇票金额（即贴现金额）	人民币（大写）肆万元整				千百十万千百十元角分	¥ 3 9 6 2 0 0 0
贴现率每月	5‰	贴现利息	千百十万千百十元角分：¥ 3 8 0 0 0		实付贴现金额	千百十万千百十元角分：¥ 3 9 6 2 0 0 0
上述款项以入你单位帐户 此致 银行盖章 2021 年 3 月 28 日			备注：有追索权贴现			

中国工商银行 广北天河支行 2021.03.28 转讫

此联是银行给贴现申请人的收账通知

图 1-77　原始凭证

No. 28

要求：根据图 1-79 所示原始凭证编制图 1-78 的记账凭证。

记　账　凭　证

广州市财政局监制
标准会计凭证账簿系列

年　月　日　　　　　　　　字第　号

摘　要	会计科目		借方金额										贷方金额										记账
	总账科目	明细科目	亿	千	百	十	万	千	百	十	元	角	分	亿	千	百	十	万	千	百	十	元	角	分	√
附件　张	合　计																								

会计主管　　记账　　出纳　　审核　　制证

图 1-78　记账凭证

中国工商银行现金存款凭条（柜面交款专用）

2021 年 3 月 29 日

存款人	全称	广北学康实业有限公司		
	账号	6222083602009818128	款项来源	
	开户行	工行广北天河支行	交款人	广北学康实业有限公司

金额大写（币种）人民币陆佰元整	百	十	万	千	百	十	元	角	分
				¥	6	0	0	0	0

票面	张数	金额	票面	张数	金额
100 元	3	300	5 角		
50 元	4	200	2 角		
20 元	3	60	1 角		
10 元	2	20	5 分		
5 元	4	20	2 分		
2 元			1 分		
1 元					

中国工商银行
广北天河支行
2021.03.29
现金收讫

复核：　收款员：赵红霞

此联由银行盖章后退回单位

会计：　　复核：　　记账：

图 1-79　原始凭证

No. 29

要求：根据图 1-81、图 1-82、图 1-83 所示原始凭证编制图 1-80 的记账凭证。

记 账 凭 证

广州市财政局监制 标准会计凭证账簿系列

年 月 日 字第 号

摘 要	会计科目		借方金额											贷方金额											记账√
	总账科目	明细科目	亿	千	百	十	万	千	百	十	元	角	分	亿	千	百	十	万	千	百	十	元	角	分	
附件 张	合 计																								

会计主管 记账 出纳 审核 制证

图 1-80 记账凭证

广东省增值税专用发票

全国统一发票监制章 广东省 国家税务局监制

记 账 联

No. 00287969

开票日期：2021 年 3 月 30 日

<table>
<tr><td>购货单位</td><td colspan="4">名　　称：秦海公司
纳税人识别号：465280104034568
地 址 、电 话：天河路 16 号　020-23585428
开户行及账号：工行天河支行 4700031509003254896</td><td>密码区</td><td colspan="3">略</td></tr>
<tr><td colspan="2">货物及应税劳务名称</td><td>规格型号</td><td>单位</td><td>数量</td><td>单价</td><td>金额</td><td>税率</td><td>税额</td></tr>
<tr><td colspan="2">B 产品</td><td></td><td>件</td><td>2 000</td><td>150</td><td>300 000</td><td>13%</td><td>39 000</td></tr>
<tr><td colspan="2">合计</td><td></td><td></td><td></td><td></td><td>¥ 300 000</td><td></td><td>¥ 39 000</td></tr>
<tr><td colspan="2">价税合计（大写）</td><td colspan="7">人民币叁拾叁万玖仟元整　　（小写）¥ 339 000. 00</td></tr>
<tr><td>销货单位</td><td colspan="4">名　　称：广北学康实业有限公司
纳税人识别号：440104100543938
地 址 、电 话：康庄大道 88 号；020-82376666
开户行及账号：工行天河 6222083602009818128</td><td>备注</td><td colspan="3">广北学康实业有限公司 发票专用章 税号：440104100543938</td></tr>
</table>

第一联：记账联 销售方记账凭证

收款人：李阳　　复核：马祥　　开票人：王海　　销货单位（章）：

备注：购买方记账凭证和抵扣联略

图 1-81 原始凭证 1

中国工商银行进账单（回单） 1

2021 年 3 月 30 日　　　　第 12 号

出票人	全　称	秦海公司	收款人	全　称	广北学康实业有限公司
	账　号	4700031509003254896		账　号	6222083602009818128
	开户银行	工行天河支行		开户银行	工商行广北天河支行
金额	人民币（大写）叁拾叁万玖仟元整			百 十 万 千 百 十 元 角 分	¥ 3 3 9 0 0 0 0 0
票据种类	转账支票	票据张数	壹		
票据号码	1020333399990013				
复核　　记账				开户银行签章	

此联是银行交给持票人的回单

中国工商银行
广北天河支行
2021.03.30
转讫

（第二、三联略）

图 1-82　原始凭证 2

<u>**产成品出库单**</u>　　　　No：

2021 年 3 月 30 日　　　　单位：元

产品名称	单位	数量	单位成本	金额	用途或原因
B 产品		2 000			销售
合　计		2 000			

部门主管：池丽　　　　保管：金兰　　　　经手人：马英

图 1-83　原始凭证 3

No. 30

要求：根据图 1-86 所示原始凭证编制图 1-84、图 1-85 的记账凭证。

记 账 凭 证

广州市财政局监制 标准会计凭证账簿系列

年 月 日　　　　字第 号

摘要	会计科目		借方金额											贷方金额											记账√
	总账科目	明细科目	亿	千	百	十	万	千	百	十	元	角	分	亿	千	百	十	万	千	百	十	元	角	分	
附件　张	合计																								

会计主管　　记账　　出纳　　审核　　制证

图 1-84　记账凭证

记 账 凭 证

广州市财政局监制 标准会计凭证账簿系列

年 月 日　　　　字第 号

摘要	会计科目		借方金额											贷方金额											记账√
	总账科目	明细科目	亿	千	百	十	万	千	百	十	元	角	分	亿	千	百	十	万	千	百	十	元	角	分	
附件　张	合计																								

会计主管　　记账　　出纳　　审核　　制证

图 1-85　记账凭证

现金盘点报告表

2021 年 3 月 30 日

<table>
<tr><td>项目</td><td>票面</td><td>数量</td><td>金额</td><td colspan="2">盘点结果及要点报告</td></tr>
<tr><td rowspan="10"></td><td>100. 00</td><td>20</td><td>2 000. 00</td><td colspan="2" rowspan="5">盘亏</td></tr>
<tr><td>50. 00</td><td>30</td><td>1 500. 00</td></tr>
<tr><td>10. 00</td><td>20</td><td>200. 00</td></tr>
<tr><td>5. 00</td><td>20</td><td>100. 00</td></tr>
<tr><td>1. 00</td><td>15</td><td>15. 00</td></tr>
<tr><td>0. 50</td><td>12</td><td>6. 00</td><td colspan="2">盘点异常及建议事项</td></tr>
<tr><td>0. 10</td><td>15</td><td>1. 50</td><td colspan="2" rowspan="4">由出纳进行赔偿</td></tr>
<tr><td>0. 05</td><td></td><td></td></tr>
<tr><td>0. 02</td><td></td><td></td></tr>
<tr><td>0. 01</td><td></td><td></td></tr>
<tr><td colspan="2">小计</td><td></td><td>3 822. 50</td><td colspan="2">主管批示</td></tr>
<tr><td colspan="2">账面数</td><td></td><td>3 922. 50</td><td>总经理</td><td>财务经理</td></tr>
<tr><td rowspan="2">处理结果</td><td>盘盈</td><td></td><td></td><td rowspan="2">同意
司理</td><td rowspan="2">同意
范玉</td></tr>
<tr><td>盘亏</td><td></td><td>100. 00</td></tr>
<tr><td colspan="6">上列款项及票据于 2021 年 3 月 30 日 10 时 10 分盘点时本人在场，并同意同偿。
保管人：李阳　　盘点人：金兰　　监盘人：方华</td></tr>
</table>

盘点人：刘俊　　复核人：马祥　　核准人：范玉

图 1-86　原始凭证

No. 31

广北学康实业有限公司 2021 年 3 月 21 日—31 日银行存款日记账（见图 1-87）账面记录和银行对账单（见图 1-88）如下：

银行存款日记账　　单位：元

2021		凭证号	摘要	结算凭证		对方科目	借方	贷方	余额
月	日			种类	号数				
3	21		承前页						380 500. 00
3	21	银付 35	购入材料	转支	#3603	材料采购		48 000. 00	332 500. 00
3	22	银付 36	偿付货款	转支	#2003	应付账款		36 800. 00	295 700. 00
3	22	银付 37	提取现金	现支	#8653	库存现金		4 000. 00	291 700. 00
3	23	银付 38	支付广告费	转支	#3605	销售费用		37 200. 00	254 500. 00
3	23	银收 18	收回货款	委收	#1004	应收账款	28 300. 00		282 800. 00
3	24	银付 39	支付保险费	转支	#3609	预付账款		40 000. 00	242 800. 00
3	24	银付 40	代垫运费	转支	#3611	应收账款		6 000. 00	236 800. 00
3	25	银付 41	预付差旅费	现支	#8654	其他应收款		3 500. 00	233 300. 00
3	25	银收 19	销售产品	委收	#1006	主营业务收入	18 950. 00		252 250. 00
3	26	银付 42	购入设备	汇票	#2005	固定资产		57 400. 00	194 850. 00
3	26	银收 20	预收货款	本票	#8461	预收账款	95 380. 00		290 230. 00
3	27	银付 43	购办公用品	转支	#3614	管理费用		600. 00	289 630. 00
3	27	银付 44	支付养路费	转支	#3617	管理费用		3 800. 00	285 830. 00
3	28	银付 45	预付货款	转支	#3618	预付账款		50 000. 00	235 830. 00
3	29	银收 21	收回货款	委收	#3685	应收账款	17 390. 00		253 220. 00
3	30	现付 19	存入现金	回单	#24	库存现金	2 000. 00		255 220. 00
3	30	银付 46	预付差旅费	现支	#8658	其他应收款		2 780. 00	252 440. 00
3	31		本月合计						252 440. 00

图 1-87　银行存款日记账

银行对账单 单位：元

2021		结算凭证		摘　要	借 方	货 方	余 额
月	日	种类	号数				
3	21			承前页			
3	22	转支	#3603	付货款	48 000.00		
3	22	现支	#8653	提现金	4 000.00		
3	24	转支	#3605	付广告费	37 200.00		
3	25	特转	#1480	存款利息		5 900.00	
3	25	现支	#8654	提差旅费	3 500.00		
3	26	转支	#3609	付保险费	40 000.00		
3	26	本票	#8461	存入货款		95 380.00	
3	26	转支	#3614	付办公用品款	600.00		
3	29	转支	#2003	付货款	36 800.00		
3	29	专托	#5721	付电话费	3 800.00		
3	30	转支	#3617	付养路费	3 800.00		
3	30	转转	#1902	贷款利息	3 500.00		
3	30	现存	#24	存入现金		2 000.00	
3	29	专托	#1195	支付水电费	4 800.00		
3	31	委收	#1009	代收运费		4 000.00	
3	31	汇票	#2005	购设备	57 400.00		
3	31			月末余额			244 380.00

图 1-88　银行对账单

训练任务：

1. 假设 3 月 21 日企业与银行账面记录均核对无误。
2. 将银行存款日记账与银行对账单进行核对，找出未达账项。

3. 编制 3 月份的银行存款余额调节表（见图 1-89），确定该企业的银行存款实有余额。

银行存款余额调节表

2021 年 3 月 31 日

企业银行存款日记账	金额	银行对账单	金额
企业银行日记账余额		银行对账单余额	
加：银行记入账企业未入账的代收款项		加：企业已入账银行未入账的款项	
减：银行已付企业未收款项		减：企业已付银行未付款项	
调节后余额		调节后余额	

要求：根据以下的银行存款日记账和银行对账单编制上面的银行存款余额调节表。

图 1-89　银行存款余额调节表

模块二 存货应用能力训练

（一）训练目的

熟悉存货（材料）收入、发出、结存的计价，对存货按实际成本计价进行核算，了解存货核算的基本程序与方法，能够胜任中小企业材料会计岗位的核算工作和记账工作，根据原始凭证填制记账凭证。

（二）训练资料

1. 企业名称：广北市轩艺有限责任公司
2. 企业地址、电话：广东省广北市越秀大道 16 号；020-82368888
3. 经营范围：生产 A、B 两种产品
4. 注册资本：2 000 万元
5. 营业执照：020883737
6. 法人代表：张录
7. 纳税登记号：440104100567899
8. 开户银行：中国工商银行广北越秀支行
9. 账号：6222083603009618126
10. 财务组织及人员分工：

总经理：张之

财务经理：黄丽

会计主管：陈华

采购主管：帅气

出纳：兰智

制证会计：张建
记账会计：王红
审核：马瑞
领料员：肖文
仓库保管：金萍
领料单位负责人：刘祥
采购员：任华
检验员：刘萍
生产计划部门负责人：蒋君

11. 广北市轩艺有限责任公司为一家股份制企业，是增值税一般纳税人，购入材料支付的增值税，当月均已认证可以抵扣。2021 年 4 月份其库存材料收、发、存的有关资料如下。

各种材料的月初结存资料，如表 2-1 所示：

表 2-1　各材料月初结存情况

材料名称	数量/千克	金额/元
甲材料	1 000	22 520.00
乙材料	2 000	125 030.00
合计	3 000	147 550.00

12. 银行预留印鉴（见图 2-1）：

图 2-1　银行预留印鉴

13. 2021 年 4 月发生的有关经济业务如下：

No. 1

要求：根据图 2-4、图 2-5、图 2-6、图 2-7、图 2-8 所示原始凭证编制图 2-2、图 2-3 的记账凭证。

记 账 凭 证

年 月 日　　　　字第 号

摘 要	会计科目		借方金额										贷方金额										记账√
	总账科目	明细科目	亿	千	百	十	万	千	百	十	元	角	分	亿	千	百	十	万	千	百	十	元	角	分	
附件　　张	合　计																						

会计主管　　　　记账　　　　出纳　　　　审核　　　　制证

图 2-2　记账凭证

记 账 凭 证

年 月 日　　　　字第 号

摘 要	会计科目		借方金额										贷方金额										记账√
	总账科目	明细科目	亿	千	百	十	万	千	百	十	元	角	分	亿	千	百	十	万	千	百	十	元	角	分	
附件　　张	合　计																						

会计主管　　　　记账　　　　出纳　　　　审核　　　　制证

图 2-3　记账凭证

广东省增值税专用发票

发票联

No. 01180211

开票日期：2021 年 4 月 1 日

购货单位	名　　称：广北市轩艺有限责任公司 纳税人识别号：440104100567899 地 址 、电 话：越秀大道 16 号；020-82368888 开户行及账号：工行越秀 6222083603009618126				密码区	略	
货物及应税劳务名称	规格型号	单位	数量	单价	金额	税率	税额
丙材料	HE	千克	500	55	27 500	13%	3 575
合计					¥27 500		¥3 575
价税合计（大写）	人民币叁万壹仟零柒拾伍元整						（小写）¥31 075.00
销货单位	名　　称：广州市星群工厂 纳税人识别号：465280104023489 地 址 、电 话：建国路 06 号；020-45693288 开户行及账号：农行建支 0656022001325				备注		

收款人：李阳　　复核：马祥　　开票人：王海　　销货单位（章）：

第三联：发票联　购买方记账凭证

广州市星群工厂 发票专用章 税号：465280104023489

备注：增值税专用发票的抵扣联略，下同，销售方代垫运费、装卸费

图 2-4　原始凭证 1

广东省增值税专用发票

发票联

No. 11502130

开票日期：2021 年 4 月 1 日

购货单位	名　　称：广北市轩艺有限责任公司 纳税人识别号：440104100567899 地 址 、电 话：越秀大道 16 号；020-82368888 开户行及账号：工行越秀 6222083603009618126				密码区	略	
货物及应税劳务名称	规格型号	单位	数量	单价	金额	税率	税额
运费					500.00	9%	45.00
合计					¥500.00		¥45.00
价税合计（大写）	人民币伍佰肆拾伍元整						（小写）¥545.00
销货单位	名　　称：广北市铁路分局 纳税人识别号：440104100633861 地 址 、电 话：越秀路 06 号；020-32163288 开户行及账号：工行越支 0656022001326				备注		

收款人：李丽　　复核：王宁　　开票人：张红　　销货单位（章）：

第三联：发票联　购买方记账凭证

广北市铁路分局 发票专用章 税号：440104100633861

图 2-5　原始凭证 2

广东省增值税专用发票

发票联

No. 11502103

开票日期：2021 年 4 月 1 日

购货单位	名　　称：广北市轩艺有限责任公司 纳税人识别号：440104100567899 地 址 、电 话：越秀大道 16 号；020-82368888 开户行及账号：工行越秀 6222083603009618126					密码区	略	
货物及应税劳务名称	规格型号	单位	数量	单价	金额	税率	税额	
装卸费					122.64	6%	7.36	
合计					¥122.64		¥7.36	
价税合计（大写）	人民币壹佰叁拾元整					（小写）¥130.00		
销货单位	名　　称：广北市铁路分局 纳税人识别号：440104100633861 地 址 、电 话：越秀路 06 号；020-32163288 开户行及账号：工行越支 0656022001326					备注	广北市铁路分局 发票专用章 税号：440104100633861	

第二联：发票联　购买方记账凭证

收款人：李丽　　　复核：王宁　　　开票人：张红　　　销货单位（章）：

图 2-6　原始凭证 3

中国工商银行信汇凭证（回单）　1

委托日期：2021 年 4 月 1 日　　　　第 0789114 号

收款单位	全　称	广州市星群工厂			汇款单位	全　称	广北市轩艺有限责任公司		
	账号或住址	0656022001326				账号或住址	6222083603009618126		
	汇入地点	广东省广州市	汇入行名称	农行建支		汇出地点	山东省广北市	汇出行名称	工行越秀支行

金额	人民币（大写）叁万壹仟柒佰伍拾元整	亿	千	百	十	万	千	百	十	元	角	分
					¥	3	1	7	5	0	0	0

汇款用途：货款	汇出行盖章 中国工商银行 广北越秀支行 2021.04.01 转讫 年　月　日
上列款项已根据委托办理，如需查询，请持此回单来行面洽。	
单位主管　　会计　　复核　　记账	

此联是汇出银行交给汇款单位的回单

图 2-7　原始凭证 4

收 料 单

材料科目：原材料　　　　　　　　　　　　　　　　　编号：

材料类别：　　　　　　　　　　　　　　　　　　　　收料仓库：3 号库

供应单位：广州市星群工厂　　　　2021 年 4 月 1 日　　　　发票号码：00180214

材料编号	材料名称	规格	计量单位	数量		实际价格					计划价格	
				应收	实收	单价	发票金额	运费	其他	合计	单价	金额
1103	丙材料	HE	千克	500	500	55	27 500.00	500.00	130.00	28 130.00		
合计										28 130.00		

采购员：任华　　　　检验员：刘萍　　　　记账员：王红　　　　保管员：金萍

图 2-8　原始凭证 5

No. 2

要求：根据图 2-10、图 2-11、图 2-12、图 2-13 所示原始凭证编制图 2-9 的记账凭证。

记 账 凭 证

广州市财政局监制

标准会计凭证账簿系列

年　月　日　　　　　　　　　　　　字第　号

摘要	会计科目		借方金额											贷方金额											记账√
	总账科目	明细科目	亿	千	百	十	万	千	百	十	元	角	分	亿	千	百	十	万	千	百	十	元	角	分	
附件　张	合　计																								

会计主管　　　　记账　　　　出纳　　　　审核　　　　制证

图 2-9　记账凭证

承付货款，材料尚未到达（销售方代垫运费）

第 07239 号

中国工商银行托收承付结算凭证（付款通知） 5 委收号码：

邮	委托日期：2021 年 4 月 2 日	付款期限 年 月 日 延期期限 2021 年 4 月 5 日

收款人	全 称	广州市华联工厂			付款人	全 称	广北市轩艺有限责任公司
	账号或住址	6222083602004588321				账号或住址	6222083603009618126
	开户银行	市工行	行号	2896		开户银行	广北越秀支行

托收金额	人民币（大写）肆拾伍万伍仟肆佰捌拾贰元整	亿	千	百	十	万	千	百	十	元	角	分
				¥	4	5	5	4	8	2	0	0

附 件	商品发运情况		合同名称号码
附寄单证张数或册数	2	铁路	
备注：	付款人注意： 1. 根据结算方式规定，上列托托收款，如在付款期限内未拒付时，即视同全部付款。如系全额支付即以此联代支款通知；如遇延付或部分支付时，再由银行另送延付或部分支付的支款通知。 2. 如需提前承付或多承付的，应另写书面通知送银行办理。 3. 如果全部或部分拒付，应要承付期限内另填拒绝承付理由书送银行办理。		中国工商银行 广北越秀支行 2021.04.02 业务章

此联是付款单位开户银行通知付承（支款）通知

单位主管： 会计： 复核： 记账： 付款单位开户行盖章：

图 2-10 原始凭证 1

广东省增值税专用发票

全国统一发票监制章 广东省 国家税务局监制

发 票 联

No. 00180215

开票日期：2021 年 4 月 2 日

购货单位	名 称：广北市轩艺有限责任公司 纳税人识别号：440104100567899 地 址 、电 话：越秀大道 16 号；020-82368888 开户行及账号：工行越秀 6222083603009618126				密码区	略	
货物及应税劳务名称	规格型号	单位	数量	单价	金额	税率	税额
甲材料	PU	千克	10 000	20.6	206 000.00	13%	26 780.00
乙材料	PJ	千克	5 000	37.68	188 400.00	13%	24 492.00
合计					¥394 400.00		¥51 272.00
价税合计（大写）	人民币肆拾肆万伍仟陆佰柒拾贰元整					（小写）	¥445 672.00
销货单位	名 称：广州市华联工厂 纳税人识别号：465280104034567 地 址 、电 话：建设路 03 号；020-457932894 开户行及账号：农行建支 0656022001662				备注	广州市华联工厂 发票专用章 税号：465280104034567	

第三联：发票联 购买方记账凭证

收款人：王白 复核：李方 开票人：张丽 销货单位（章）：

图 2-11 原始凭证 2

广东增值税专用发票

广东省

发 票 联

No. 11502131

开票日期：2021 年 4 月 2 日

购货单位	名　　　称：广北市轩艺有限责任公司 纳税人识别号：440104100567899 地 址 、电 话：越秀大道 16 号；020-82368888 开户行及账号：工行越秀 6222083603009618126	密码区	略

货物及应税劳务名称	规格型号	单位	数量	单价	金额	税率	税额
运费					9 000.00	9%	810.00
合计					¥9 000.00		¥810.00
价税合计（大写）	人民币玖仟捌佰壹拾元整				（小写）¥9 810.00		

销货单位	名　　　称：广北市铁路分局 纳税人识别号：440104100633861 地 址 、电 话：越秀路 06 号；020-32163288 开户行及账号：工行越支 0656022001326	备注	广北市铁路分局 发票专用章 税号：440104100633861

收款人：李丽　　　　复核：王宁　　　　开票人：张红　　　　销货单位（章）：

第三联：发票联 购买方记账凭证

图 2-12　原始凭证 3

材料运费分配表

2021 年 4 月 2 日

材料名称	分配标准/千克	分配率	分配额/元	备注
甲材料	10 000		6 000.00	
乙材料	5 000		3 000.00	
合　计	15 000	0.6	9 000.00	

备注：分配率计算结果保留二位小数

图 2-13　原始凭证 4

No. 3

要求：根据图 2-15 所示原始凭证编制图 2-14 的记账凭证。

记 账 凭 证

广州市财政局 监制 标准会计凭证账簿系列

年 月 日　　　　字第　号

摘　要	会计科目		借方金额											贷方金额											记账√
	总账科目	明细科目	亿	千	百	十	万	千	百	十	元	角	分	亿	千	百	十	万	千	百	十	元	角	分	
附件　张	合　计																								

会计主管　　记账　　出纳　　审核　　制证

图 2-14　记账凭证

收　料　单

材料科目：原材料　　　　编号：

材料类别：　　　　收料仓库：1 号库

供应单位：广州市华联工厂　　2021 年 4 月 5 日　　发票号码：00180215

材料编号	材料名称	规格	计量单位	数量		实际价格				计划价格	
				应收	实收	单价	发票金额	运费	合计	单价	金额
1101	甲材料	PU	千克	10 000	10 000	20.6	206 000.00	6 000.00	212 000.00		
1102	乙材料	FJ	千克	5 000	5 000	37.68	188 400.00	3 000.00	191 400.00		
合　计									403 400.00		

采购员：任华　　检验员：刘萍　　记账员：王红　　保管员：金萍

图 2-15　原始凭证

No. 4

要求：根据图 2-17、图 2-18、图 2-19、图 2-20、图 2-21、图 2-22、图 2-23、图 2-24 所示原始凭证编制图 2-16 的记账凭证。

记 账 凭 证

广州市财政局监制 标准会计凭证账簿系列

年 月 日　　　　字第 号

摘 要	会计科目		借方金额											贷方金额											记账√
	总账科目	明细科目	亿	千	百	十	万	千	百	十	元	角	分	亿	千	百	十	万	千	百	十	元	角	分	
附件 张	合 计																								

会计主管　　记账　　出纳　　审核　　制证

图 2-16　记账凭证

限额领料单

领料单位：生产车间　　　　编号：

用　　途：生产 A 产品　　2021 年 4 月份　　发料仓库：1 号库

材料类别	材料编号	材料名称及规格	计量单位	全月领用限　额		实际领用			备注
						数量	单位成本	金额	
原材料	1101	甲材料	千克	10 000					
日期	请　领		实　发			退　回			限额结余
	数量	领料单位负责人签单	数量	发料人签单	领料人签单	数量	收料人签单	退料人签单	
4.6	5 000	杜兵	5 000	王忠	肖芬				
合计									

生产计划部门负责人：蒋君　　供应部门负责人：李易　　仓库负责人：金萍

图 2-17　原始凭证 1

限额领料单

领料单位：生产车间　　　　　　　　　　　　编号：

用　　途：生产 B 产品　　　　2021 年 4 月份　　　　发料仓库：2 号库

材料类别	材料编号	材料名称及规格	计量单位	全月领用限额		实际领用			备注
						数量	单位成本	金额	
原材料	1102	乙材料	千克	6 000					
日期	请领		实发			退回			限额结余
	数量	领料单位负责人签单	数量	发料人签单	领料人签单	数量	收料人签单	退料人签单	
4. 6	1 500	杜兵	1 500	金萍	肖文				
合计									

生产计划部门负责人：蒋君　　　　供应部门负责人：李易　　　　仓库负责人：金萍

图 2-18　原始凭证 2

领　料　单

领用单位：加工车间　　　　2021 年 4 月 8 日　　　　凭证编号：

用　　途：设备维修　　　　　　　　　　　　　　　　发料仓库：3 号

材料编号	材料名称	规　格	计量单位	数　量		计划单价	金　额
				请领	实发		
1103	丙材料	HE	千克	1 000	1 000		

第二联　送会计部门

领料单位负责人：刘祥　　　领料人：肖文　　　发料人：金萍　　　制单：张建

图 2-19　原始凭证 3

限额领料单

领料单位：生产车间　　　　　　　　　　　　编号：

用　　途：生产 A 产品　　　　2021 年 4 月份　　　发料仓库：1 号库

材料类别	材料编号	材料名称及规格	计量单位	全月领用限额		实际领用			备注
						数量	单位成本	金额	
原材料	1101	甲材料	千克	10 000					
日期	请领		实发			退回			限额结余
	数量	领料单位负责人签单	数量	发料人签单	领料人签单	数量	收料人签单	退料人签单	
4. 10	2 500	杜兵	2 500	王忠	肖芬				
合计									

生产计划部门负责人：蒋君　　　供应部门负责人：李易　　　仓库负责人：金萍

图 2-20　原始凭证 4

限额领料单

领料单位：生产车间　　　　　　　　　　　　编号：

用　　途：生产 B 产品　　　　2021 年 4 月份　　　发料仓库：2 号库

材料类别	材料编号	材料名称及规格	计量单位	全月领用限额		实际领用			备注
						数量	单位成本	金额	
原材料	1102	乙材料	千克	6 000					
日期	请领		实发			退回			限额结余
	数量	领料单位负责人签单	数量	发料人签单	领料人签单	数量	收料人签单	退料人签单	
4. 10	1 500	杜兵	1 500	王忠	肖芬				
合计									

生产计划部门负责人：蒋君　　　供应部门负责人：李易　　　仓库负责人：金萍

图 2-21　原始凭证 5

限额领料单

领料单位：生产车间　　　　　　　　　　　　　　　　　　编号：

用　　途：生产 A 产品　　　　　2021 年 4 月份　　　　发料仓库：1 号库

<table>
<tr><td rowspan="2">材料类别</td><td rowspan="2">材料编号</td><td rowspan="2">材料名称及规格</td><td rowspan="2">计量单位</td><td colspan="2" rowspan="2">全月领用限　额</td><td colspan="3">实际领用</td><td rowspan="2">备注</td></tr>
<tr><td>数量</td><td>单位成本</td><td>金额</td></tr>
<tr><td>原材料</td><td>1101</td><td>甲材料</td><td>千克</td><td colspan="2">10 000</td><td></td><td></td><td></td><td></td></tr>
<tr><td rowspan="2">日期</td><td colspan="2">请　领</td><td colspan="3">实　发</td><td colspan="3">退　回</td><td>限额结余</td></tr>
<tr><td>数量</td><td>领料单位负责人签单</td><td>数量</td><td>发料人签单</td><td>领料人签单</td><td>数量</td><td>收料人签单</td><td>退料人签单</td><td></td></tr>
<tr><td>4. 16</td><td>2 500</td><td>杜兵</td><td>2 500</td><td>王忠</td><td>肖芬</td><td></td><td></td><td></td><td></td></tr>
<tr><td></td><td></td><td></td><td></td><td></td><td></td><td></td><td></td><td></td><td></td></tr>
<tr><td></td><td></td><td></td><td></td><td></td><td></td><td></td><td></td><td></td><td></td></tr>
<tr><td>合计</td><td></td><td></td><td></td><td></td><td></td><td></td><td></td><td></td><td></td></tr>
</table>

生产计划部门负责人：蒋君　　　　供应部门负责人：李易　　　　仓库负责人：金萍

图 2-22　原始凭证 6

限额领料单

领料单位：生产车间　　　　　　　　　　　　　　　　　　编号：

用　　途：生产 B 产品　　　　　2021 年 4 月份　　　　发料仓库：2 号库

<table>
<tr><td rowspan="2">材料类别</td><td rowspan="2">材料编号</td><td rowspan="2">材料名称及规格</td><td rowspan="2">计量单位</td><td colspan="2" rowspan="2">全月领用限　额</td><td colspan="3">实际领用</td><td rowspan="2">备注</td></tr>
<tr><td>数量</td><td>单位成本</td><td>金额</td></tr>
<tr><td>原材料</td><td>1102</td><td>乙材料</td><td>千克</td><td colspan="2">6 000</td><td></td><td></td><td></td><td></td></tr>
<tr><td rowspan="2">日期</td><td colspan="2">请　领</td><td colspan="3">实　发</td><td colspan="3">退　回</td><td>限额结余</td></tr>
<tr><td>数量</td><td>领料单位负责人签单</td><td>数量</td><td>发料人签单</td><td>领料人签单</td><td>数量</td><td>收料人签单</td><td>退料人签单</td><td></td></tr>
<tr><td>4. 16</td><td>3 000</td><td>杜兵</td><td>3 000</td><td>王忠</td><td>肖芬</td><td></td><td></td><td></td><td></td></tr>
<tr><td></td><td></td><td></td><td></td><td></td><td></td><td></td><td></td><td></td><td></td></tr>
<tr><td></td><td></td><td></td><td></td><td></td><td></td><td></td><td></td><td></td><td></td></tr>
<tr><td>合计</td><td></td><td></td><td></td><td></td><td></td><td></td><td></td><td></td><td></td></tr>
</table>

生产计划部门负责人：蒋君　　　　供应部门负责人：李易　　　　仓库负责人：金萍

图 2-23　原始凭证 7

领 料 单

领用单位：加工车间　　　　　　2021 年 4 月 18 日　　　凭证编号：

用　　途：设备维修　　　　　　　　　　　　　　　　　发料仓库：3 号

材料编号	材料名称	规　格	计量单位	数　量		计划单价	金　额
				请领	实发		
1103	丙材料	HE	千克	500	500		

第二联　送会计部门

生产计划部门负责人：蒋君　　　供应部门负责人：李易　　　仓库负责人：金萍

图 2-24　原始凭证 8

No. 5

要求：根据图 2-26、图 2-27、图 2-28 所示原始凭证编制图 2-25 的记账凭证。

记 账 凭 证

广州市财政局监制　标准会计凭证账簿系列

年　月　日　　　　　　　　　　　　字第　号

摘　要	会计科目		借方金额											贷方金额											记账√
	总账科目	明细科目	亿	千	百	十	万	千	百	十	元	角	分	亿	千	百	十	万	千	百	十	元	角	分	
附件　　张	合　计																								

会计主管　　　　记账　　　　出纳　　　　审核　　　　制证

图 2-25　记账凭证

广东省增值税专用发票

广东省

发 票 联

No. 00180216

开票日期：2021 年 4 月 20 日

购货单位	名　　称：广北市轩艺有限责任公司 纳税人识别号：440104100567899 地 址 、电 话：越秀大道 16 号；020-82368888 开户行及账号：工行越秀 6222083603009618126					密码区	略
货物及应税劳务名称	规格型号	单位	数量	单价	金额	税率	税额
丙材料	HE	千克	2 000	55	110 000. 00	13%	14 300. 00
合计					¥ 110 000. 00		¥ 14 300. 00
价税合计（大写）	人民币壹拾贰万肆仟叁佰元整				（小写） ¥ 124 300. 00		
销货单位	名　　称：广州市星群工厂 纳税人识别号：465280104023489 地 址 、电 话：建国路 06 号；020-45693288 开户行及账号：农行建支 0656022001325					备注	广州市星群工厂 发票专用章 税号：465280104023489

第三联：发票联 购买方记账凭证

收款人：王方　　复核：李朋　　开票人：张力　　销货单位（章）：

备注：增值税进项税额当月已认证。

图 2-26　原始凭证 1

中国工商银行 转账支票存根 No：10206666 56780009 附加信息 出票日期：2021 年 4 月 20 日
收款人：广州市星群工厂
金额：¥ 124 300. 00
用途：购料
单位主管 张 录　会计 王 红

图 2-27　原始凭证 2

收 料 单

材料科目：原材料　　　　　　　　　　　　　　　　　编号：

材料类别：　　　　　　　　　　　　　　　　　　　　收料仓库：3 号库

供应单位：广州市星群工厂　　　　2021 年 4 月 20 日　　　　发票号码：00180216

材料编号	材料名称	规格	计量单位	数量		实际价格					计划价格	
				应收	实收	单价	发票金额	运费	其他	合计	单价	金额
1103	丙材料	HE	千克	2 000	2000	55	110 000. 00			110 000. 00		
合计										110 000. 00		

采购员：任华　　　　检验员：刘萍　　　　记账员：王红　　　　保管员：金萍

图 2-28　**原始凭证 3**

No. 6

要求：根据图 2-30、图 2-31、图 2-32 所示原始凭证编制图 2-29 的记账凭证。

记 账 凭 证

年　月　日　　　　　　　　　　　　　　字第　号

摘　要	会计科目		借方金额											贷方金额											记账
	总账科目	明细科目	亿	千	百	十	万	千	百	十	元	角	分	亿	千	百	十	万	千	百	十	元	角	分	√
附件　　张	合　计																								

会计主管　　　　　　记账　　　　　　出纳　　　　　　审核　　　　　　制证

图 2-29　**记账凭证**

承付货款，材料尚未到达（销售方代垫运费）　　　　　　　　　　第 07240 号

中国工商银行托收承付结算凭证（付款通知）　5　　　委收号码：

邮　　　　委托日期：2021 年 4 月 21 日

付款期限　　年　月　日
延期期限 2021 年 4 月 24 日

收款人	全　称	广州市华联工厂			付款人	全　称	广北市轩艺有限责任公司									
	账号或住址	6222083602004588321				账号或住址	6222083603009618126									
	开户银行	市工行	行号	2896		开户银行	广北越秀支行									
托收金额	人民币（大写）贰万肆仟叁佰捌拾肆元整						亿	千	百	十	万	千	百	十	元	角	分
										¥	2	4	3	8	4	0	0
附　件	商品发运情况						合同名称号码									
附寄单证张数或册数	2	铁路					中国工商银行 广北越秀支行 2021.04.21 办理章									
备注：	付款人注意： 1. 根据结算方式规定，上列托托收款，如在付款期限内未拒付时，即视同全部付款。如系全额支付即以此联代支款通知；如遇延付或部分支付时，再由银行另送延付或部分支付的支款通知。 2. 如需提前承付或多承付的，应另写书面通知送银行办理。 3. 如果全部或部分拒付，应要承付期限内另填拒绝承付理由书送银行办理。																

此联是付款单位开户银行通知付承（支款）通知

单位主管：　　　会计：　　　复核：　　　记账：　　　付款单位开户行盖章：

图 2-30　原始凭证 1

广东省增值税专用发票

广东省 发票联 （全国统一发票监制章 国家税务局监制）

No. 00180217

开票日期：2021 年 4 月 21 日

购货单位	名　　称：广北市轩艺有限责任公司 纳税人识别号：440104100567899 地 址 、电 话：越秀大道 16 号；020-82368888 开户行及账号：工行越秀 6222083603009618126					密码区	略	
货物及应税劳务名称	规格型号	单位	数量	单价	金额	税率	税额	
甲材料	PU	千克	1 000	21	21 000.00	13%	2 730.00	
合计					¥21 000.00		¥2 730.00	
价税合计（大写）	人民币贰万叁仟柒佰叁拾元整				（小写）¥23 730.00			
销货单位	名　　称：广州市华联工厂 纳税人识别号：465280104034567 地 址 、电 话：建设路 03 号；020-457932894 开户行及账号：农行建支 0656022001662				备注	广州市华联工厂 发票专用章 税号：465280104034567		

第三联：发票联　购买方记账凭证

收款人：王方　　　复核：李朋　　　开票人：张力　　　销货单位（章）：

图 2-31　原始凭证 2

广东省增值税专用发票

广东省

发票联

No. 11502132

开票日期：2021 年 4 月 21 日

购货单位	名　　称：广北市轩艺有限责任公司 纳税人识别号：440104100567899 地 址 、电 话：越秀大道 16 号；020-82368888 开户行及账号：工行越秀 6222083603009618126	密码区	略

货物及应税劳务名称	规格型号	单位	数量	单价	金额	税率	税额
运费					600.00	9%	54.00
合计					￥600.00		￥54.00
价税合计（大写）	人民币陆佰伍拾肆元整					（小写）	￥654.00

销货单位	名　　称：广北市铁路分局 纳税人识别号：440104100633861 地 址 、电 话：越秀路 06 号；020-32163288 开户行及账号：工行越支 0656022001326	备注	广北市铁路分局 发票专用章 税号：440104100633861

收款人：李丽　　复核：王宁　　开票人：张红　　销货单位（章）：

第三联：发票联　购买方记账凭证

图 2-32　原始凭证 3

No. 7

要求：根据图 2-34、图 2-35、图 2-36 所示原始凭证编制图 2-33 的记账凭证。

记 账 凭 证

广州市财政局监制

年　月　日　　　　字第　号

摘要	会计科目		借方金额											贷方金额											记账√
	总账科目	明细科目	亿	千	百	十	万	千	百	十	元	角	分	亿	千	百	十	万	千	百	十	元	角	分	
附件　张	合　计																								

会计主管　　记账　　出纳　　审核　　制证

图 2-33　记账凭证

材料损耗报告单

2021 年 4 月 27 日　　　　　　　　　　单位：元

供应单位	材料名称及规格	计量单位	损耗数量	单价	价款	税额	价税合计	损耗原因	处理意见
广州市华联工厂	甲材料	千克	50	21	1 050	136. 50	1 186. 50	运输部门丢失	由广州市铁路分局赔偿
							1 186. 50		
合计									

审批：帅气　　　　检验：刘萍　　　　保管：金萍　　　　制单：张建

备注：4 月 21 日付款的材料验收入库。

图 2-34　原始凭证 1

赔偿请求单

单位：元

2021 年 4 月 27 日

<table>
<tr><td>货物名称</td><td>甲材料</td><td>发运单位</td><td>广州市华联工厂</td><td>票据号码</td><td>00180217</td><td>发运数量</td><td>1000 千克</td></tr>
<tr><td>价款</td><td>21 000 元</td><td>运费</td><td>600 元</td><td>到达实收</td><td colspan="3">950 千克</td></tr>
<tr><td>损失品种</td><td>甲材料</td><td>损失数量</td><td>50 千克</td><td>要求赔偿金额</td><td colspan="3">1 186. 50 元</td></tr>
<tr><td>损失原因</td><td colspan="7">货物在广北市铁路分局丢失，系广铁分局责任，请求赔偿偷税合计 1 186. 50 元。</td></tr>
</table>

请求赔偿单位：广北市轩艺有限责任公司　　　　　　赔偿单位：

图 2-35　原始凭证 2

收　料　单

材料科目：原材料　　　　　　　　　　　　　　编号：

材料类别：　　　　　　　　　　　　　　　　　收料仓库：1 号库

供应单位：广州市华联工厂　　2021 年 4 月 27 日　　发票号码：00180217

材料编号	材料名称	规格	计量单位	数量		实际价格					计划价格	
				应收	实收	单价	发票金额	运费	其他	合计	单价	金额
1101	甲材料	PU	千克	1 000	950	21	19 950. 00			19 950. 00		
合计										19 950. 00		

采购员：任华　　　检验员：刘萍　　　记账员：王红　　　保管员：金萍

图 2-36　原始凭证 3

No. 12

要求：根据图 2-39 所示原始凭证编制图 2-37、图 2-38 的记账凭证。

记 账 凭 证

年 月 日　　　　字第 号

摘　要	会计科目		借方金额											贷方金额											记账√
	总账科目	明细科目	亿	千	百	十	万	千	百	十	元	角	分	亿	千	百	十	万	千	百	十	元	角	分	
附件　张	合　计																								

会计主管　　记账　　出纳　　审核　　制证

图 2-37　记账凭证

记 账 凭 证

年 月 日　　　　字第 号

摘　要	会计科目		借方金额											贷方金额											记账√
	总账科目	明细科目	亿	千	百	十	万	千	百	十	元	角	分	亿	千	百	十	万	千	百	十	元	角	分	
附件　张	合　计																								

会计主管　　记账　　出纳　　审核　　制证

图 2-38　记账凭证

账存实存对比表

单位名称：广北市轩艺有限责任公司　　　2021 年 4 月 30 日

类别名称	计量单位	单价	实存		账存		对比结果				备注
							盘盈		盘亏		
			数量	金额	数量	金额	数量	金额	数量	金额	
甲材料	千克		1 950								
乙材料	千克		1 000								
丙材料	千克		990								

备注：单价按照月末一次加权平均法进行计算，计算结果保留 2 位小数。

图 2-39　原始凭证

No. 13

要求：根据图 2-41 所示原始凭证编制图 2-40 的记账凭证。

记账凭证

年　月　日　　　　　　　字第　号

摘要	会计科目		借方金额											贷方金额											记账√
	总账科目	明细科目	亿	千	百	十	万	千	百	十	元	角	分	亿	千	百	十	万	千	百	十	元	角	分	
附件　张	合　计																								

会计主管　　　　记账　　　　出纳　　　　审核　　　　制证

图 2-40　记账凭证

发料凭证汇总表

2021 年 4 月份

应借科目 金额 应贷科目		甲材料	乙材料	丙材料			合计
原材料	原料及主要材料						
	辅助材料						
	修理用备用						
	燃料						
合　计							
总　计							

备注：2021 年 4 月 27 日编制发料凭证汇总表，据以结转发出材料实际成本。

图 2-41　原始凭证

No.　14

要求：根据图 2-43 所示原始凭证编制图 2-42 的记账凭证。

记　账　凭　证

年　月　日　　　　　　　　　　　　字第　号

摘　要	会计科目		借方金额											贷方金额											记账
	总账科目	明细科目	亿	千	百	十	万	千	百	十	元	角	分	亿	千	百	十	万	千	百	十	元	角	分	√
附件　　张	合　计																								

会计主管　　　　记账　　　　出纳　　　　审核　　　　制证

图 2-42　记账凭证

存货跌价准备计提表

2021 年 4 月 30 日　　　　　　　　金额单位：元

材料名称	数量	实际成本	可变现净值	预计跌价
甲材料	1 950 千克		50 000	
乙材料	1 000 千克		47 000	
丙材料	1 000 千克		55 196. 98	

备注：期末对存货逐项检查，编制存货跌价准备计提表，据以计提减值准备。

图 2-43　原始凭证

模块三

固定资产与无形资产应用能力训练

（一）训练目的

熟悉固定资产的初始计量、固定资产的后续计量、固定资产处置的核算工作，根据原始凭证填制记账凭证。

（二）训练资料

1. 企业名称：广北市东明机械有限公司
2. 企业地址、电话：广东省广北市海珠大道 26 号；020-82366789
3. 注册资本：1 500 万元
4. 营业执照：020993636
5. 法人代表：邹万
6. 纳税登记号：440104100666666
7. 开户银行：中国工商银行广北海珠支行
8. 账号：6222083603001236547
9. 财务组织及人员分工：

总经理：张健

财务经理：谢丽

会计主管：王华

采购主管：香利

出纳：李英

制证会计：张华

记账会计：王紫

审核：马兆
领料员：肖玉
仓库保管员：金一
领料单位负责人：刘东
采购员：任达
检验员：刘乡
仓库保管负责人：蒋豪
10. 银行预留印鉴（见图 3-1）：

图 3-1 银行预留印鉴

11. 广北市东明机械有限公司为增值税一般纳税人，购入固定支付的增值税，当月均已认证可以抵扣。该企业 2021 年 5 月发生的有关经济业务如下：

No. 1

要求：根据图 3-3、图 3-4、图 3-5 所示原始凭证编制图 3-2 的记账凭证。

记 账 凭 证

广州市财政局监制 标准会计凭证账簿系列

年 月 日　　　　字第 号

摘要	会计科目		借方金额											贷方金额											记账
	总账科目	明细科目	亿	千	百	十	万	千	百	十	元	角	分	亿	千	百	十	万	千	百	十	元	角	分	√
附件 张	合 计																								

会计主管　　记账　　出纳　　审核　　制证

图 3-2 记账凭证

广东省增值税专用发票

发票联

No. 00680218

开票日期：2021 年 5 月 1 日

购货单位	名　　称：广北市东明机械有限公司 纳税人识别号：440104100666666 地 址 、电 话：海珠大道 26 号；020-82366789 开户行及账号：工行海珠支行 6222083603001236547	密码区	略				
货物及应税劳务名称	规格型号	单位	数量	单价	金额	税率	税额
C-1 机床	W9	台	1	200 000. 00	200 000. 00	13%	26 000. 00
合计					¥200 000. 00		¥26 000. 00
价税合计（大写）	人民币贰拾贰万陆仟元整				（小写）¥226 000. 00		
销货单位	名　　称：广东长江机电工厂 纳税人识别号：527811002035458 地 址 、电 话：红星 16 号；020-866786704 开户行及账号：工行红星支行 08800544002578	备注	广东长江机电公司 发票专用章 税号：527811002035458				

第三联：发票联　购买方记账凭证

收款人：李东　　复核：成祥　　开票人：尤海　　销货单位（章）：

备注：购入机床不需安装，支付的增值税当月均已认证可以抵扣。

图 3-3　原始凭证 1

中国工商银行 转账支票存根 No：10303216 08567981
附加信息
出票日期：2021 年 5 月 1 日
收款人：广东长江机电工厂
金额：¥226 000. 00
用途：购机床
单位主管 邹万　会计 王紫

图 3-4　原始凭证 2

固定资产验收交接单　　No. 0001231

开票日期：2021 年 5 月 1 日　　金额：元

资产名称	规格	计量单位	数量	单价或工程造价	安装费用	其他费用	合计	已提折旧
机床	W9	台	1	200 000			200 000	
资产来源	购入	制造厂名	长江机电	使用年限	10 年	估计残值	8 000	
合计人民币（大写）贰拾贰万陆仟元整						（小写）¥226 000. 00		

第二联　记账联

验收人：金一　　接管人：赵鸣　　主管：蒋豪　　会计：王紫

图 3-5　原始凭证 3

No. 2

要求：根据图 3-7 所示原始凭证编制图 3-6 的记账凭证。

记账凭证

广州市财政局监制 标准会计凭证账簿系列

年　月　日　　字第　号

摘要	会计科目		借方金额											贷方金额											记账√
	总账科目	明细科目	亿	千	百	十	万	千	百	十	元	角	分	亿	千	百	十	万	千	百	十	元	角	分	
附件　张	合计																								

会计主管　　记账　　出纳　　审核　　制证

图 3-6　记账凭证

领　料　单

领用单位：施工一队　　　　2021 年 3 月 2 日　　　　凭证编号：

用　　途：厂房改建　　　　　　　　　　　　　　　　发料仓库：4 号

材料编号	材料名称	计量单位	数量		价格		
			请领	实发	单价	金额	
1501	钢筋	吨	90	90	1 250.00	112 500.00	

第二联　记账联

领料单位负责人：刘东　　领料人：肖玉　　发料人：金一　　制单：张华

备注：企业改扩建厂房工程领用工程物资。

图 3-7　原始凭证

No. 3

要求：根据图 3-9 所示原始凭证编制图 3-8 的记账凭证。

记　账　凭　证

广州市财政局 监制 标准会计凭证账簿系列

年　月　日　　　　　　　　　　字第　　号

摘　要	会计科目		借方金额											贷方金额											记账
	总账科目	明细科目	亿	千	百	十	万	千	百	十	元	角	分	亿	千	百	十	万	千	百	十	元	角	分	√
附件　　张	合　计																								

会计主管　　　　记账　　　　出纳　　　　审核　　　　制证

图 3-8　记账凭证

领 料 单

领用单位：施工一队　　　　2021 年 5 月 3 日　　　　凭证编号：

用　　途：厂房改建　　　　　　　　　　　　　　　　发料仓库：5 号

材料编号	材料名称	计量单位	数量		价格		
			请领	实发	单价	金额	
1502	钢护筒铁架管	吨	50	50	3 100.00	155 000.00	

第二联　记账联

领料单位负责人：刘东　　　领料人：肖玉　　　发料人：金一　　　制单：张华

备注：企业改扩建厂房工程领用工程物资。

图 3-9　原始凭证

No. 4

要求：根据图 3-11、图 3-12、图 3-13 所示原始凭证编制图 3-10 的记账凭证。

记 账 凭 证

广州市财政局 监制 标准会计凭证账簿系列

年　月　日　　　　　　　　　　字第　号

摘　要	会计科目		借方金额											贷方金额											记账√
	总账科目	明细科目	亿	千	百	十	万	千	百	十	元	角	分	亿	千	百	十	万	千	百	十	元	角	分	
附件　张	合　计																								

会计主管　　　　记账　　　　出纳　　　　审核　　　　制证

图 3-10　记账凭证

广东省增值税专用发票

发票联

No. 05680217

开票日期：2021 年 5 月 4 日

购货单位	名　　称：广北市东明机械有限公司 纳税人识别号：440104100666666 地 址 、电 话：海珠大道 26 号；020-82366789 开户行及账号：工行海珠支行 6222083603001236547				密码区	略		
货物及应税劳务名称	规格型号	单位	数量	单价	金额	税率	税额	
电脑		台	10	7 000.00	70 000.00	13%	9 100.00	
合计					¥70 000.00		¥9 100.00	
价税合计（大写）	人民币柒万玖仟壹佰元整					（小写）¥79 100.00		
销货单位	名　　称：深东联想电脑公司 纳税人识别号：685412892541234 地 址 、电 话：深东市福田路 46 号（44257791） 开户行及账号：工行深东福田路分理处 551-554-228				备注			

第三联：发票联 购买方记账凭证

收款人：余房　　复核：李祥　　开票人：张勇　　销货单位（章）：

备注：购入机床不需安装，支付的增值税当月均已认证可以抵扣。

图 3-11　原始凭证 1

中国工商银行

转账支票存根

No：10303216
08567982

附加信息

出票日期：2021 年 5 月 4 日

收款人：深东联想电脑公司

金额：¥79 100.00

用途：购电脑

单位主管 邹万　会计 王紫

图 3-12　原始凭证 2

固定资产验收交接单 No. 0001232

开票日期：2021 年 5 月 4 日 金额：元

资产名称	规格	计量单位	数量	单价	安装费用	其他费用	合计	已提折旧
电脑		台	10	7 000			70 000	
资产来源	购入	制造厂名	联想电脑	使用年限		估计残值		
合计人民币（大写）柒万元整						（小写）￥70 000.00		

第二联 记账联

验收人：金一 接管人：赵鸣 主管：蒋豪 会计：王紫

图 3-13 原始凭证 3

No. 5

要求：根据图 3-17、图 3-18、图 3-19、图 3-20、图 3-21 所示原始凭证编制图 3-14、图 3-15、图 3-16 的记账凭证。

记 账 凭 证

广州市财政局 监制 标准会计凭证账簿系列

年 月 日 字第 号

摘要	会计科目		借方金额											贷方金额											记账
	总账科目	明细科目	亿	千	百	十	万	千	百	十	元	角	分	亿	千	百	十	万	千	百	十	元	角	分	√
附件 张	合 计																								

会计主管 记账 出纳 审核 制证

图 3-14 记账凭证

记 账 凭 证

广州市财政局 监制 标准会计凭证账簿系列

年　月　日　　　　　　　　字第　号

摘要	会计科目		借方金额										贷方金额										记账√
	总账科目	明细科目	亿	千	百	十	万	千	百	十	元	角	分	亿	千	百	十	万	千	百	十	元	角	分	
附件　张	合计																								

会计主管　　记账　　出纳　　审核　　制证

图 3-15　记账凭证

记 账 凭 证

广州市财政局 监制 标准会计凭证账簿系列

年　月　日　　　　　　　　字第　号

摘要	会计科目		借方金额										贷方金额										记账√
	总账科目	明细科目	亿	千	百	十	万	千	百	十	元	角	分	亿	千	百	十	万	千	百	十	元	角	分	
附件　张	合计																								

会计主管　　记账　　出纳　　审核　　制证

图 3-16　记账凭证

广东省增值税专用发票

广东省

发票联

No. 00580712

开票日期：2021 年 5 月 5 日

购货单位	名　　称：广北市东明机械有限公司 纳税人识别号：440104100666666 地 址 、电 话：海珠大道 26 号；020-82366789 开户行及账号：工行海珠支行 6222083603001236547				密码区	略	
货物及应税劳务名称	规格型号	单位	数量	单价	金额	税率	税额
C-2 机床		台	1	300 000. 00	300 000. 00	13%	39 000. 00
合计					¥ 300 000. 00		¥ 39 000. 00
价税合计（大写）	人民币叁拾叁万玖仟元整				（小写）¥ 339 000. 00		
销货单位	名　　称：深东龙岗通用机械厂 纳税人识别号：6854128925554321 地 址 、电 话：深东市龙岗路 16 号（44286691） 开户行及账号：工行深东龙岗路分理处 551-554-339				备注	深东龙岗通用机械厂 发票专用章 税号：6854128925554321	

第三联：发票联 购买方记账凭证

收款人：刘东　　复核：李清　　开票人：郭华　　销货单位（章）：

备注：购入机床需安装，支付的增值税当月均已认证可以抵扣。

图 3-17　原始凭证 1

中国工商银行信汇凭证（回单）　1

委托日期：2021 年 5 月 5 日　　第 0789115 号

收款单位	全　称	深东龙岗通用机械厂			汇款单位	全　称	广北市东明机械有限公司	
	账号或住址	深东市龙岗路 16 号（44286691）				账号或住址	6222083603001236547	
	汇入地点	广东省深东市	汇入行名称	工行深支		汇出地点	山东省广北市	汇出行名称 工行天河支行
金额	人民币（大写）叁拾叁万玖仟元整						亿千百十万千百十元角分：¥ 3 3 9 0 0 0 0 0	
汇款用途：购 C-2 机床						中国工商银行广北海珠支行 2021.05.05 转讫 汇出行盖章		
上列款项已根据委托办理，如需查询，请持此回单来行面洽。								
单位主管：邹万　会计：张华　复核：马兆　记账：王紫						年　月　日		

图 3-18　原始凭证 2

广东省增值税专用发票

发票联

No. 12713906

开票日期：2021 年 5 月 5 日

购货单位	名　　称：广北市东明机械有限公司 纳税人识别号：440104100666666 地 址 、电 话：海珠大道 26 号；020-82366789 开户行及账号：工行海珠支行 6222083603001236547				密码区	略	
货物及应税劳务名称	规格型号	单位	数量	单价	金额	税率	税额
安装费			1	15 170. 53	15 170. 53	9%	1 365. 35
合计					¥15 170. 53		¥1 365. 35
价税合计（大写）	人民币壹万陆仟伍佰叁拾伍元捌角捌分				（小写）¥16 535. 88		
销货单位	名　　称：广北市安装公司 纳税人识别号：685412892555123A 地 址 、电 话：广北市环市路 26 号；020-80123456 开户行及账号：工行环市路分理处 661-554-338				备注	广北市安装公司 发票专用章 税号：685412892555123A	

第三联：发票联 购买方记账凭证

收款人：林东　　复核：钢龙　　开票人：龙华　　销货单位（章）：

备注：支付的增值税、当月均已认证可以抵扣。

图 3-19　原始凭证 3

中国工商银行 转账支票存根 No：10303216 08567983 附加信息 出票日期：2021 年 5 月 5 日
收款人：广北市安装公司
金额：¥16 535. 88
用途：支付 C-2 机床安装费
单位主管 邹万　会计 王紫

图 3-20　原始凭证 4

固定资产验收交接单

No. 0001233

开票日期：2021 年 5 月 5 日　　　　金额：元

资产名称	规格	计量单位	数量	设备价值	安装费用	其他费用	合计	已提折旧
C-2 机床		台	1	300 000.00	15 170.53		315 170.53	
资产来源	购入	制造厂名	广北市安装公司脑	使用年限		估计残值		
合计人民币（大写）叁拾壹万伍仟壹佰柒拾元伍角叁分						（小写）￥315 170.53		

第二联　记账联

验收人：金一　　接管人：赵鸣　　主管：蒋豪　　会计：王紫

图 3-21　原始凭证 5

No. 6

要求：根据图 3-23、图 3-24、图 3-25 所示原始凭证编制图 3-22 的记账凭证。

记账凭证

广州市财政局监制
标准会计凭证账簿系列

年　月　日　　　　字第　号

摘要	会计科目		借方金额											贷方金额											记账
	总账科目	明细科目	亿	千	百	十	万	千	百	十	元	角	分	亿	千	百	十	万	千	百	十	元	角	分	√
附件　张	合计																								

会计主管　　记账　　出纳　　审核　　制证

图 3-22　记账凭证

资产评估报告书

长江公司拟投资机器设备资产评估报告书

广华评报字（2021）0-013 号

受广北市东明机械有限公司委托，于评估基准日，对股东投资的 C-3 机床进行评估，长江公司用于投资的机器设备价值人民币 200 000 元。

评估师

中国注册资产评估师 段玉华 34901206	中国注册资产评估师 郭李建 36781249

广北源升会计师事务所

广北源升会计师事务所（盖章）

2021 年 5 月 6 日

图 3-23　原始凭证 1

验资报告

广华验字（2021）0-026 号

受广北市东明机械有限公司委托，于评估基准日，对股东投资的 C-3 机床进行评估，经评估价值为人民币 200 000 元，全体股东确认人民币 200 000 元。

广北源升会计师事务所

注册会计师（盖章）

广北源升会计师事务所（盖章）

2021 年 5 月 6 日

中国注册会计师 陈泽军	中国注册会计师 刘立军

图 3-24　原始凭证 2

固定资产验收交接单　　No. 0001233

开票日期：2021 年 5 月 6 日　　金额：元

资产名称	规格	计量单位	数量	设备价值	安装费用	其他费用	合计	已提折旧
C-3 机床		台	1	200 000.00			200 000.00	
资产来源	投资	制造厂名	东州机电	使用年限	10 年	估计残值	120 000.00	
合计人民币（大写）贰拾万元整						（小写）￥200 000.00		

第二联　记账联

验收人：金一　　接管人：赵鸣　　主管：蒋豪　　会计：王紫

图 3-25　原始凭证 3

No. 7

要求：根据图 3-27、图 3-28、图 3-29、图 3-30 原始凭证编制图 3-26 的记账凭证。

记账凭证

广州市财政局监制　东莞会计凭证账簿系列

年　月　日　　字第　号

摘　要	会计科目		借方金额										贷方金额										记账√
	总账科目	明细科目	亿	千	百	十	万	千	百	十	元	角	分	亿	千	百	十	万	千	百	十	元	角	分	
附件　张	合　计																								

会计主管　　记账　　出纳　　审核　　制证

图 3-26　记账凭证

产权转移书

长城汽贸有限公司将价值 117 000 元的 1 台陆丰小汽车以无偿方式捐赠给广北市东明机械有限公司，从即日起，这台汽车的所有权由长城汽贸有限公司转移给广北市东明机械有限公司，特此说明。

捐赠方
单位名称：长城汽贸有限公司
单位地址：广北海珠区东路 16 号
法定代表：彭军
法定代表人：张池
电话：020-86168526
账号：4700022609003636668
时间：2021 年 5 月 7 日

接收方
单位名称：广北市东明机械有限公司
单位地址：广北市海珠大道 26 号
委托代理人：
委托代理人：
电话：020-82366789
开户银行：广北市工行海珠支行
账号：6222083603001236547
时间：2021 年 5 月 7 日

图 3-27　原始凭证 1

固定资产验收交接单　　No. 0001234

开票日期：2021 年 5 月 7 日　　金额：元

资产名称	规格	计量单位	数量	单价或工程造价	安装费用	其他费用	合计	已提折旧
陆丰汽车	1.8 排量	台	1	117 000		2 900	119 900	
资产来源	捐赠			使用年限	8 年	估计残值	8 000	
合计人民币（大写）壹拾壹万玖仟玖佰元整						（小写）￥119 900.00		

验收人：金一　　接管人：赵鸣　　主管：蒋豪　　会计：王紫

备注：接受捐赠的汽车，支付的增值税当月均已认证可以抵扣。

图 3-28　原始凭证 2

广东省增值税专用发票

广东省

发 票 联

No. 00580712

开票日期：2021 年 5 月 7 日

购货单位	名　　称：广北市东明机械有限公司 纳税人识别号：440104100666666 地 址 、电 话：海珠大道 26 号；020-82366789 开户行及账号：工行海珠支行 6222083603001236547	密码区	略

货物及应税劳务名称	规格型号	单位	数量	单价	金额	税率	税额
陆丰汽车		台	1	117 000. 00	117 000. 00	13%	15 210. 00
合计					¥117 000. 00		¥15 210. 00
价税合计（大写）	人民币壹拾叁万贰仟贰佰壹拾元整				（小写）¥132 210. 00		

销货单位	名　　称：长城汽贸有限公司 纳税人识别号：6854128926664321 地 址 、电 话：广北海珠区东路 16 号（86168526） 开户行及账号：工行天河支行 551-553-398	备注	长城汽贸有限公司 发票专用章 税号：6854128926664321

收款人：刘东　　复核：李清　　开票人：郭华　　销货单位（章）：

第三联：发票联 购买方记账凭证

图 3-29　原始凭证 3

中国工商银行 转账支票存根 No：10303216 08567984 附加信息 出票日期：2021 年 5 月 7 日
收款人：广北车管所
金额：¥2 900. 00
用途：支付产权过户手续费用
单位主管 邹万　会计 王紫

图 3-30　原始凭证 4

No. 8

要求：根据图 3-32、图 3-33、图 3-34 所示原始凭证编制图 3-31 的记账凭证。

记 账 凭 证

年 月 日　　　　字第 号

摘 要	会计科目		借方金额											贷方金额											记账√
	总账科目	明细科目	亿	千	百	十	万	千	百	十	元	角	分	亿	千	百	十	万	千	百	十	元	角	分	
附件 张	合 计																								

会计主管　　　　记账　　　　出纳　　　　审核　　　　制证

图 3-31　记账凭证

固定资产购销合同

甲方：广北市东明机械有限公司

乙方：乐音仪器有限公司

甲乙双方经协商一致，达成如下协议：

乙方销售一台大型精密过滤仪器（A118 型号）给甲方，价款 2 500 000 元。

二、乙方同意采用分期收款方式。甲方应在 2021 年 5 月 8 日支付首期款项 100 000 元，余下款项分别在后两年平均支付。甲方可在首期款项支付后提取该项设备。

三、乙方同意免费运送仪器给甲方。

四、本合同自双方签订后生效。

五、本合同一式两份，双方各执一份。

甲方代表人：周成　　　　乙方代表人：李敏

2021 年 5 月 8 日　　　　2021 年 5 月 8 日

图 3-32　原始凭证 1

固定资产验收单

2021 年 5 月 8 日

<table>
<tr><td colspan="2">固定资产名称</td><td>型号</td><td>计量单位</td><td colspan="2">数量</td><td colspan="3">供货单位</td></tr>
<tr><td colspan="2">精密过滤仪器</td><td>A118</td><td>台</td><td colspan="2">1</td><td colspan="3">乐音仪器有限公司</td></tr>
<tr><td rowspan="2">总价</td><td>设备费</td><td>安装费</td><td>运杂费</td><td>包装费</td><td>其他</td><td>合计</td><td>预计年限</td><td>净残值率</td></tr>
<tr><td>2 400 000</td><td>0</td><td>0</td><td colspan="2">0</td><td>2 400 000</td><td>10</td><td>5%</td></tr>
<tr><td colspan="2">验收意见</td><td colspan="7">合格</td></tr>
</table>

验收人：金一　　　　接管人：赵鸣　　　　主管：蒋豪　　　　会计：王紫

备注：现值为 2 400 000，预计使用 10 年，净残值率为 5%。

图 3-33　原始凭证 2

中国工商银行 转账支票存根 No：10303216 08567985
附加信息
出票日期：2021 年 5 月 8 日
收款人：乐音仪器有限公司
金额：￥10 000.00
用途：购买设备
单位主管 邹 万　　会计 王 紫

图 3-34　原始凭证 3

No. 9

要求：根据图 3-36、图 3-37、图 3-38 所示原始凭证编制图 3-35 的记账凭证。

记 账 凭 证

广州市财政局监制 标准会计凭证账簿系列

年 月 日 字第 号

摘 要	会计科目		借方金额											贷方金额											记账
	总账科目	明细科目	亿	千	百	十	万	千	百	十	元	角	分	亿	千	百	十	万	千	百	十	元	角	分	√
附件 张	合 计																								

会计主管 记账 出纳 审核 制证

图 3-35 记账凭证

固定资产卡片 类别：房屋

名称	简易仓库	资产编号	1-10-100
型号（结构）	砖木石棉	规格（m^2）	20×30
制（建）造厂	广北市建筑公司	出厂时间	
使用单位	一分厂	出厂编号	
资金来源	盈余公积	折旧年限	6 年
列账凭证		启用年月	2017 年 3 月 20 日
附件或附属物		固定资产原价	120 000.00
调拨转移记录		年折旧率	
报废清理记录		预计净残值	4 800.00
中间停用记录		备注	折旧方法：直线法

备注：5 月 9 日报废固定资产转入清理。

图 3-36 原始凭证 1

固定资产报废申请书

申报单位：广北市东明机械有限公司　　　　　　　　　　　　固定资产编号：1-10-100

名　称	简易仓库	出厂时间		出厂编号	
型号、规格	20×30 砖木石棉瓦	投产时间	2017 年 3 月	单　位	平方米
制造厂	广北市建筑公司	使用单位	一分厂		
原值（元）	120 000. 00	净值（元）	41 600. 00		
已折旧（元）	78 400. 00	残值（元）	4 800. 00		
报废原因： 2021 年 4 月 23 日，由于简易仓库线路超载短路，产生电弧高温，引起熔金击穿汽油桶，发生火灾。 广北市国有资产管理局 业务专用章 广北市东明机械有限公司 报告人：李浩 2021 年 4 月 23 日					
资产管理部门意见	同意报废 2021 年 4 月 24 日	厂部意见	同意报废 2021 年 5 月 9 日		

图 3-37　原始凭证 2

广北市公安局

火 灾 原 因 鉴 定 书

（市）公消监〔2021〕火字第 182 号

2021 年 4 月 23 日，广北市东明机械有限公司 600 平方米“简易仓库”失火，经我方与该厂职工奋力扑救，终因火势过大仓库被毁。事后经勘查现场，发现供电线路明显熔化块状和汽油桶穿孔痕迹，这些均与目击者提供情况及我方技术鉴定结果相吻合。因此，火灾原因系线路超载短路产生电弧高温，引起熔金击穿汽油桶（系仓库清洁使用）所致。

特此鉴定

广北市公安局 第四消防中队

（盖　章）

2021 年 5 月 9 日

图 3-38　原始凭证 3

No. 10

要求：根据图 3-40、图 3-41 原始凭证编制图 3-39 的记账凭证。

记 账 凭 证

广州市财政局 监制 标准会计凭证账簿系列

年 月 日 字第 号

摘要	会计科目		借方金额											贷方金额											记账√
	总账科目	明细科目	亿	千	百	十	万	千	百	十	元	角	分	亿	千	百	十	万	千	百	十	元	角	分	
附件 张	合 计																								

会计主管 记账 出纳 审核 制证

图 3-39 记账凭证

中国工商银行

转账支票存根

No：10303216
08567986

附加信息

出票日期：2021 年 5 月 10 日

收款人：广北市劳动服务公司

金额：￥4 240.00

用途：支付火灾仓库清理费

单位主管 邹 万 会计 王 紫

图 3-40 原始凭证 1

广东省增值税专用发票

广东省

发票联

No. 00580713

开票日期：2021 年 5 月 10 日

<table>
<tr><td rowspan="4">购货单位</td><td colspan="4">名　　称：广北市东明机械有限公司
纳税人识别号：440104100666666
地 址 、电 话：海珠大道 26 号；020-82366789
开户行及账号：工行海珠支行 6222083603001236547</td><td>密码区</td><td colspan="3">略</td></tr>
<tr><td>货物及应税劳务名称</td><td>规格型号</td><td>单位</td><td>数量</td><td>单价</td><td>金额</td><td>税率</td><td>税额</td></tr>
<tr><td>仓库清理费</td><td></td><td>间</td><td>1</td><td>4 000.00</td><td>4 000.00</td><td>6%</td><td>240.00</td></tr>
<tr><td>合计</td><td></td><td></td><td></td><td></td><td>¥4 000.00</td><td></td><td>¥240.00</td></tr>
<tr><td colspan="2">价税合计（大写）</td><td colspan="5">人民币肆仟贰佰肆拾元整</td><td colspan="2">（小写）¥4 240.00</td></tr>
<tr><td>销货单位</td><td colspan="4">名　　称：广北市劳动服务公司
纳税人识别号：6114128926784356
地 址 、电 话：广北天河区南路 16 号（86168967）
开户行及账号：工行天河支行 551-550-987</td><td>备注</td><td colspan="3">广北市劳动服务公司
发票专用章
税号：6114128926784356</td></tr>
</table>

第三联：发票联　购买方记账凭证

收款人：张易　　复核：李清　　开票人：刘燕　　销货单位（章）：

备注：支付的增值税当月均已认证可以抵扣。

图 3-41　原始凭证 2

No. 11

要求：根据图 3-43 所示原始凭证编制图 3-42 的记账凭证。

记账凭证

广州市财政局监制

年　月　日　　　　字第　号

摘要	会计科目		借方金额	贷方金额	记账
	总账科目	明细科目	亿千百十万千百十元角分	亿千百十万千百十元角分	√
附件　张	合　计				

会计主管　　记账　　出纳　　审核　　制证

图 3-42　记账凭证

中国人民保险公司广北市分公司

出 险 损 失 计 算 书

<table>
<tr><td>赔案编号</td><td>02120821</td><td>被保险人</td><td colspan="3">广北市东明机械有限公司</td></tr>
<tr><td>保险单号码</td><td>02010062</td><td>起运通知单号次</td><td colspan="3"></td></tr>
<tr><td>批单号次</td><td></td><td>保　品</td><td colspan="3">房屋建筑物等资产</td></tr>
<tr><td>保险金额</td><td>120 000.00</td><td>承保条件</td><td colspan="3"></td></tr>
<tr><td>保险期限</td><td>自 2020 年 5 月 11 日 起
至 2021 年 5 月 11 日 止</td><td>运输工具名称及吨位</td><td></td><td>号次</td><td></td></tr>
<tr><td>出险日期</td><td>2021 年 4 月 23 日 18 时 20 分</td><td>起讫地点</td><td colspan="3">自　经　到</td></tr>
<tr><td>出险地点</td><td colspan="5">广北市东明机械有限公司一分厂简易仓库</td></tr>
<tr><td colspan="6">赔款原因：
根据《中华人民共和国财产保险合同条例》有关规定及事故单位 02010062 号投保单、公安局火灾原因鉴定书等资料，理赔损失财产净额 95%，其余由事故单位承担。</td></tr>
<tr><td colspan="6">赔款计算：
损失财产原值 120 000 元，累计折旧 78 400 元，净值 41 600 元，减去应由事故单位负担的 5% 即 2 080 元，应理赔金额 39 520 元。</td></tr>
<tr><td rowspan="2">本案责任</td><td>保品损失
第三者责任</td><td>¥41 600.00
¥2 080.00</td><td colspan="3" rowspan="2">证明文件
（市）公消监［2021］火字第 680 号
赔讫日期 2021 年 5 月 11 日</td></tr>
<tr><td>共计（大写）：叁万玖仟伍佰贰拾元整</td><td>¥39 520.00</td></tr>
</table>

核定：攀群　　　　审核：李玉　　　　编制：林钢

备注：收到保险公司赔款（收款通知略）。

图 3-43　原始凭证

No. 12

要求：根据图 3-45 所示原始凭证编制图 3-44 的记账凭证。

记账凭证

年　月　日　　　　　　　　　　字第　号

摘要	会计科目		借方金额											贷方金额											记账
	总账科目	明细科目	亿	千	百	十	万	千	百	十	元	角	分	亿	千	百	十	万	千	百	十	元	角	分	√
附件　张	合计																							

会计主管　　记账　　出纳　　审核　　制证

图 3-44　记账凭证

固定资产处置清理损益计算单

2021 年 5 月 18 日　　　　单位：元

清理项目	简易仓库	清理原因	火灾毁损
固定资产清理借方发生额		固定资产清理贷方发生额	
清理支出内容	金额	清理收入内容	金额
固定资产净值	41 600.00	保险公司赔款	39 520.00
清理费用	4 000.00		
借方合计	45 600.00	贷方合计	39 520.00
固定资产清理净损失金额：人民币（大写）：陆仟零捌拾元整			￥6 080.00

图 3-45　原始凭证

No. 13

要求：根据图 3-47 所示原始凭证编制图 3-46 的记账凭证。

记 账 凭 证

广州市财政局监制 标准会计凭证账簿系列

年 月 日　　　　字第 号

摘要	会计科目		借方金额											贷方金额											记账√
	总账科目	明细科目	亿	千	百	十	万	千	百	十	元	角	分	亿	千	百	十	万	千	百	十	元	角	分	
附件 张	合计																								

会计主管　　记账　　出纳　　审核　　制证

图 3-46　记账凭证

固定资产折旧计算表

2021 年 5 月 31 日　　单位：元

使用部门	固定资产项目	上月实际计提固定资产折旧额	加：上月增加固定资产应计提折旧额	减：上月减少固定资产应计提折旧额	本月应计提固定资产折旧额
生产车间	厂房	20 000	1 000		21 000
	机械设备	10 000	1 000		11 000
	其他设备	10 000		100	9 900
	小计	40 000	2 000	100	41 900
行政管理部门		6 000	1 000	400	6 600
销售部门		4 000		300	3 700
合计		50 000	3 000	800	52 200

备注：计提本月折旧。

图 3-47　原始凭证

No. 14

要求：根据图 3-49 所示原始凭证编制图 3-48 的记账凭证。

记 账 凭 证

年 月 日　　　　字第 号

摘 要	会计科目		借方金额											贷方金额											记账√
	总账科目	明细科目	亿	千	百	十	万	千	百	十	元	角	分	亿	千	百	十	万	千	百	十	元	角	分	
附件 张	合 计																								

会计主管　　记账　　出纳　　审核　　制证

图 3-48　记账凭证

便 函

广北市东明机械有限公司：

贵单位上月挂账盘亏 C160 车床 1 台，净值 2 000 元，经总公司办公会议研究，同意予以核销。

2021 年 5 月 31 日

图 3-49　原始凭证

No. 15

要求：根据图 3-51 所示原始凭证编制图 3-50 的记账凭证。

记 账 凭 证

年 月 日　　　　字第 号

摘要	会计科目		借方金额											贷方金额											记账√
	总账科目	明细科目	亿	千	百	十	万	千	百	十	元	角	分	亿	千	百	十	万	千	百	十	元	角	分	
附件 张	合 计																								

会计主管　　　记账　　　出纳　　　审核　　　制证

图 3-50　记账凭证

广北市东明机械有限公司董事会决议（摘要）

2021 年 5 月 25 日公司召开第八届董事会。公司 5 月 6 日购入的价值 300 000 元的一台机器设备，由于生产产品不合格率较高，经技术专家及有关部门鉴定，董事会研究决定，按照购价的 20%计提固定资产减值准备 。

2021 年 5 月 31 日

图 3-51　原始凭证

No. 16

要求：根据图 3-53、图 3-54 所示原始凭证编制图 3-52 的记账凭证。

记 账 凭 证

广州市财政局监制 标准会计凭证账簿系列

年 月 日　　　　字第 号

摘 要	会计科目		借方金额										贷方金额										记账√
	总账科目	明细科目	亿	千	百	十	万	千	百	十	元	角	分	亿	千	百	十	万	千	百	十	元	角	分	
附件 张	合 计																								

会计主管　　记账　　出纳　　审核　　制证

图 3-52　记账凭证

广北服务业专用发票

全国统一发票监制章 广东省 国家税务局监制

No. 0056386

客户名称：广北市东明机械有限公司　　开票日期：2021 年 5 月 31 日

项 目	单 位	数 量	单 价	金额							
				十	万	千	百	十	元	角	分
技术转让	次	1	25 000.00	¥	2	5	0	0	0	0	0
合计人民币（大写）贰万伍仟元整				¥ 25 000.00							

辉煌创新有限公司 发票专用章

单位：（盖章）　　开票人：张华

图 3-53　原始凭证 1

中国工商银行

转账支票存根

No：10303216
08567987

附加信息______________________

____

____

出票日期：2021 年 5 月 31 日

收款人：辉煌创新有限公司

金额：￥25 000.00

用途：支付技术转让费用

单位主管 邹万 会计 王紫

图 3-54 原始凭证 2

No. 17

要求：根据图 3-56 所示原始凭证编制图 3-55 的记账凭证。

记 账 凭 证

广州市财政局 监制 标准会计凭证账簿系列

年 月 日　　　　字第 号

摘 要	会计科目		借方金额											贷方金额											记账√
	总账科目	明细科目	亿	千	百	十	万	千	百	十	元	角	分	亿	千	百	十	万	千	百	十	元	角	分	
附件 张	合 计																								

会计主管　　记账　　出纳　　审核　　制证

图 3-55 记账凭证

无形资产累计摊销计算表

2021 年 5 月 31 日

序号	无形资产项目	期初余额	本期增加金额	本期减少金额	使用年限	摊销金额			备注
						年摊销	月摊销	累计摊销	
1	商标权	120 000.00			5	24 000.00	2 000.00	98 000.00	自用
2	非专利技术	66 000.00			5	13 200.00	1 100.00	40 700.00	自用
3	专利权		36 000.00		5	7 200	600.00	600.00	自用
合计		186 000.00	36 000.00			44 400.00	3 700.00	139 300.00	

会计主管：王华　　　　　　　　　　　　制单：张华

图 3-56　原始凭证

No. 18

要求：根据图 3-58、图 3-59 所示原始凭证编制图 3-57 的记账凭证。

记 账 凭 证

年　月　日　　　　　　　　字第　号

摘 要	会计科目		借方金额											贷方金额											记账√
	总账科目	明细科目	亿	千	百	十	万	千	百	十	元	角	分	亿	千	百	十	万	千	百	十	元	角	分	
附件　张	合 计																								

会计主管　　记账　　出纳　　审核　　制证

图 3-57　记账凭证

广东省增值税专用发票

发票联

No. 00680023

开票日期：2021 年 6 月 15 日

购货单位	名　　称：广北市东明机械有限公司 纳税人识别号：440104100666666 地 址 、电 话：海珠大道 26 号；020-82366789 开户行及账号：工行海珠支行 6222083603001236547				密码区	略		
货物及应税劳务名称	规格型号	单位	数量	单价	金额	税率	税额	
陆丰货车		台	2	60 000. 00	120 000. 00	13%	15 600. 00	
合计					¥120 000. 00	13%	¥15 600. 00	
价税合计（大写）	人民币壹拾叁万伍仟陆佰元整				（小写）¥135 600. 00			
销货单位	名　　称：广北新世纪机械厂 纳税人识别号：440104100765421 地 址 、电 话：从化大道 3 号；020-82356752 开户行及账号：工行从化支行 6222083603006463132				备注			

第三联：发票联　购买方记账凭证

收款人：李清　　复核：李明　　开票人：马华　　销货单位（章）：

备注：接受广北新世纪机械厂的捐赠。

图 3-58　原始凭证 1

捐赠资产交接单

金额单位：元

2021 年 6 月 15 日　　编号：001

资产名称	规格	单位	数量	预计使用年限	已使用年限	确认原值	增值税	已提折旧	净值	备注
陆风货车	45 座	辆	2	10		120 000. 00	15 600. 00		120 000. 00	附发票
捐赠人	（公章） 经手人：赵文					被捐赠人	（公章） 设备科　经办人：李君			

图 3-59　原始凭证 2

模块四 金融资产与长期股权投资应用能力训练

（一）训练目的

熟悉金融资产长期股权投资的核算工作，根据原始凭证填制记账凭证。

（二）训练资料

1. 企业名称：广北市东业股份公司
2. 企业地址、电话：广东省广北市白云大道6号；020-82354638
3. 注册资本：3 000万元
4. 营业执照：020993966
5. 法人代表：成伟
6. 纳税登记号：440104100777777
7. 开户银行：中国工商银行广北白云支行
8. 账号：62220836030098567223
9. 财务组织及人员分工：

总经理：张明
财务经理：谢海
会计主管：王真
出纳：李利
制证会计：张永
记账会计：王立
审核：马前
领料员：肖达
仓库保管员：金凡
领料单位负责人：刘伟
采购员：任军

检验员：刘泽

仓库保管负责人：蒋军

10. 银行预留印鉴（见图 4-1）：

图 4-1 银行预留印鉴

11. 广北市东业股份公司有关投资业务的核算资料如下：

（1）2021 年 6 月 1 日，该企业有关总账和明细账的月初余额如表 4-1 所示：

表 4-1 月初金额情况

总账账户	明细账户	借或贷	月初余额/元	备 注
交易性金融资产	华泰联合股票	借	60 000	3 000 股
长期股权投资	平安实业	借	20 000 000	1 000 万股，占 55%，控股
债权投资	国库券（面值）	借	100 000	100 份
	应计利息	借	3 000	计提至 2020 年年末
长期股权投资减值准备	平安实业	借	100 000	

（2）2021 年 6 月至 12 月发生的有关投资业务如下：

No. 1

要求：根据图 4-3、图 4-4 所示原始凭证编制图 4-2 的记账凭证。

记 账 凭 证

广州市财政局 监制

年 月 日 字第 号

摘 要	会计科目		借方金额											贷方金额											记账
	总账科目	明细科目	亿	千	百	十	万	千	百	十	元	角	分	亿	千	百	十	万	千	百	十	元	角	分	√
附件 张	合 计																								

会计主管　　记账　　出纳　　审核　　制证

图 4-2 记账凭证

中国工商银行进账单（受理证明）　2

2021年6月1日　　第　号

<table>
<tr><td rowspan="3">收款人</td><td>全　称</td><td>广北市东业股份公司
（投资款专户）</td><td rowspan="3">付款人</td><td>全　称</td><td>广北市东业股份公司</td></tr>
<tr><td>账　号</td><td>640316898-3978</td><td>账　号</td><td>62220836030098567223</td></tr>
<tr><td>开户银行</td><td>工行证券部</td><td>开户银行</td><td>中国工商银行广北市白云支行</td></tr>
</table>

人民币（大写）叁拾万元整	千	百	十	万	千	百	十	元	角	分
		¥	3	0	0	0	0	0	0	0

票据种类	转支
票据张数	1张

中国工商银行广北市白云 营业部 2021.06.01 票据交换专用章

收款人开户行盖章

单位主管：成伟　　会计：张永　　复核：马前　　记账：王立

图4-3　原始凭证1

中国工商银行 转账支票存根 No：10306666 88880001
附加信息
出票日期：2021年6月1日
收款人：本公司投资户
金额：¥300 000.00
用途：投资款
单位主管 成伟　　会计 王立

图4-4　原始凭证2

No. 2

要求：根据图 4-6 所示原始凭证编制图 4-5 的记账凭证。

记 账 凭 证

广州市财政局监制 标准会计凭证账簿系列

年 月 日　　　　字第　号

摘要	会计科目		借方金额										贷方金额										记账√
	总账科目	明细科目	亿	千	百	十	万	千	百	十	元	角分	亿	千	百	十	万	千	百	十	元	角分	
附件　张	合　计																						

会计主管　　记账　　出纳　　审核　　制证

图 4-5　记账凭证

6/10/2021		成交过户交割凭单	买
股东编号：	A123456789（存）	成交证券：	国金实业
电脑编号：	621986	成交数量：	5 000（股）
公司代号：	986	成交价格：	20.00
申请编号：	666	成交金额：	100 000.00
申请时间：	14：16：45	标准佣金：	100.00
成交时间：	14：17：15	过户费用：	5.00
上次余额；	0（股）	印花税：	0
本次成交：	5 000（股）	应付金额：	100 105.00
本次余额：	5 000（股）	附加费用：	0
本次库存：	5 000（股）	实付金额：	100 105.00

②

通知联

广北证券交易所

经办单位（略）　　　　客户签章 张 申

备注：购入股票作为交易性金融资产

图 4-6　原始凭证

No. 3

要求：根据图 4-8 所示原始凭证编制图 4-7 的记账凭证。

记 账 凭 证

广州市财政局监制 标准会计凭证账簿系列

年 月 日　　　　字第 号

摘 要	会计科目		借方金额										贷方金额										记账
	总账科目	明细科目	亿	千	百	十	万	千	百	十	元	角	分	亿	千	百	十	万	千	百	十	元	角	分	√
附件 张	合 计																							

会计主管　　记账　　出纳　　审核　　制证

图 4-7 记账凭证

6/15/2021	成交过户交割凭单		卖
股东编号：	A123456789	成交证券：	国金实业
电脑编号：	621986	成交数量：	4 000（股）
公司代号：	986	成交价格：	30.00
申请编号：	333	成交金额：	120 000.00
申请时间：	09：30：30	标准佣金：	120.00
成交时间：	09：50：15	过户费用：	4.00
上次余额：	5 000（股）	印花税：	120.00
本次成交：	4 000（股）	应收金额：	119 756.00
本次余额：	1 000（股）	附加费用：	0
本次库存：	1 000（股）	实收金额：	119 756.00

② 通知联

广北证券交易所

经办单位＿（略）＿　　客户签章＿张 申＿

备注：售出交易性股票投资

图 4-8 原始凭证

No. 4

要求：根据图 4-10 所示原始凭证编制图 4-9 的记账凭证。

广州市财政局
监制
标准会计凭证账簿系列

记 账 凭 证

年 月 日 字第 号

摘要	会计科目		借方金额										贷方金额										记账
	总账科目	明细科目	亿	千	百	十	万	千	百	十	元	角	分	亿	千	百	十	万	千	百	十	元	角	分	√
附件 张	合 计																								

会计主管 记账 出纳 审核 制证

图 4-9 记账凭证

6/20/2021	成交过户交割凭单		卖
股东编号：	A123456789	成交证券：	华泰联合
电脑编号：	621986	成交数量：	2 000（股）
公司代号：	986	成交价格：	18.00
申请编号：	1018	成交金额：	36 000.00
申请时间：	10：30：30	标准佣金：	36.00
成交时间：	10：50：15	过户费用：	2.00
上次余额：	3 000（股）	印花税：	36.00
本次成交：	2 000（股）	应收金额：	35 926.00
本次余额：	1 000（股）	附加费用：	0
本次库存：	1 000（股）	实收金额：	35 926.00

②

通知联

广北证券交易所

经办单位 （略） 客户签章 张 申

备注：售出交易性股票投资

图 4-10 原始凭证

No. 5

要求：根据图 4-13 所示原始凭证编制图 4-11、图 4-12 的记账凭证。

记 账 凭 证

广州市财政局 监制 标准会计凭证账簿系列

年 月 日 字第 号

摘要	会计科目		借方金额											贷方金额											记账√
	总账科目	明细科目	亿	千	百	十	万	千	百	十	元	角	分	亿	千	百	十	万	千	百	十	元	角	分	
附件 张	合 计																								

会计主管　　记账　　出纳　　审核　　制证

图 4-11　记账凭证

记 账 凭 证

广州市财政局 监制 标准会计凭证账簿系列

年 月 日 字第 号

摘要	会计科目		借方金额											贷方金额											记账√
	总账科目	明细科目	亿	千	百	十	万	千	百	十	元	角	分	亿	千	百	十	万	千	百	十	元	角	分	
附件 张	合 计																								

会计主管　　记账　　出纳　　审核　　制证

图 4-12　记账凭证

公允价值变动损益计算表

2021 年 6 月 30 日　　　　金额单位：元

投资项目	持有股（份）数	单位市价	账面成本	市价总额	公允价值变动损益
国金实业股票		19.60			
华泰联合股票		20.80			
合　计					

图 4-13　原始凭证

No. 6

要求：根据图 4-15 所示原始凭证编制图 4-14 的记账凭证。

记　账　凭　证

年　月　日　　　　字第　号

摘　要	会计科目		借方金额											贷方金额											记账
	总账科目	明细科目	亿	千	百	十	万	千	百	十	元	角	分	亿	千	百	十	万	千	百	十	元	角	分	√
附件　张	合　计																								

会计主管　　记账　　出纳　　审核　　制证

图 4-14　记账凭证

长期股权投资减值准备计算表

2021 年 6 月 30 日　　　　金额单位：元

投资项目	持有股（份）数	账面价值	预计可收回金额	“长期股权投资减值准备”账户已有余额	应提减值准备
股票投资（平安实业）			19 600 000		
合　计					

图 4-15　原始凭证

No. 7

要求：根据图 4-17 所示原始凭证编制图 4-16 的记账凭证。

记 账 凭 证

广州市财政局 监制 标准会计凭证账簿系列

年 月 日　　　　　　　　　　　　字第　号

摘 要	会计科目		借方金额											贷方金额											记账
	总账科目	明细科目	亿	千	百	十	万	千	百	十	元	角	分	亿	千	百	十	万	千	百	十	元	角	分	√
附件　张	合 计																								

会计主管　　　记账　　　出纳　　　审核　　　制证

图 4-16　记账凭证

7/1/2021	成交过户交割凭单		买
股东编号：	A123456789（存）	成交证券：	中兴建设
电脑编号：	621986	成交数量：	500 000（股）
公司代号：	986	成交价格：	10.00
申请编号：	968	成交金额：	5 000 000.00
申请时间：	09：29：45	标准佣金：	5 000.00
成交时间：	09：50：15	过户费用：	500.00
上次余额：	0（股）	印花税：	0
本次成交：	500 000	应付金额：	5 005 500.00
本次余额：	500 000	附加费用：	0
本次库存：	500 000	实付金额：	5 005 500.00

② 通知联

广北证券交易所

经办单位　（略）　　　　　　　　　　客户签章　张 申

备注：购入股票作为长期股权投资，购入股票占中兴建设股份有限公司全部股份的 40%。根据中兴建设股份有限公司中期财务报告，中期期末所有者权益总额为 750 万元（与公允价值一致），其中上半年实现的净利润为 50 万元。（权益法）

图 4-17　原始凭证

No. 8

要求：根据图 4-19 所示原始凭证编制图 4-18 的记账凭证。

广州市财政局 监制 标准会计凭证账簿系列

记　账　凭　证

年　月　日　　　　　　　　　　字第　号

摘　要	会计科目		借方金额											贷方金额											记账
	总账科目	明细科目	亿	千	百	十	万	千	百	十	元	角	分	亿	千	百	十	万	千	百	十	元	角	分	√
附件　张	合　计																								

会计主管　　记账　　出纳　　审核　　制证

图 4-18　记账凭证

10/15/2021	成交过户交割凭单		买
股东编号：	A123456789（存）	成交证券：	华泰联合
电脑编号：	621986	成交数量：	4 000（股）
公司代号：	986	成交价格：	16.00
申请编号：	1106	成交金额：	64 000.00
申请时间：	09：36：45	标准佣金：	64.00
成交时间：	09：56：15	过户费用：	4.00
上次余额；	1 000（股）	印花税：	0
本次成交：	4 000（股）	应付金额：	64 068.00
本次余额：	5 000（股）	附加费用：	0
本次库存：	5 000（股）	实付金额：	64 068.00

② 通知联

广北证券交易所

经办单位　（略）　　　　客户签章　张　申

备注：购入股票作为交易性金融资产

图 4-19　原始凭证

No. 9

要求：根据图 4-21 所示原始凭证编制图 4-20 的记账凭证。

记 账 凭 证

广州市财政局监制 标准会计凭证账簿系列

年 月 日 字第 号

摘要	会计科目		借方金额											贷方金额											记账
	总账科目	明细科目	亿	千	百	十	万	千	百	十	元	角	分	亿	千	百	十	万	千	百	十	元	角	分	√
附件 张	合计																								

会计主管　　记账　　出纳　　审核　　制证

图 4-20 记账凭证

净损益

2021 年 12 月 31 日

公司名称	2021 年实现的净损益/元
平安实业	-520 000
中兴建设	1 500 000

备注：广北市东业股份公司占平安实业全部股份的 55%，采用成本法；占中兴建设股份有限公司全部股份的 40%采用权益法。

图 4-21 原始凭证

No. 10

要求：根据图 4-23 所示原始凭证编制图 4-22 的记账凭证。

记 账 凭 证

广州市财政局 监制 标准会计凭证账簿系列

年 月 日　　　　　　　　字第 号

摘要	会计科目		借方金额											贷方金额											记账√
	总账科目	明细科目	亿	千	百	十	万	千	百	十	元	角	分	亿	千	百	十	万	千	百	十	元	角	分	
附件 张	合计																								

会计主管　　　记账　　　出纳　　　审核　　　制证

图 4-22 记账凭证

债券投资利息收益计算表

2021 年 12 月 31 日　　　　　　金额单位：元

债券名称	票面要素					购买日期	购买份数	购买成本	折（溢）价	本期摊销折溢价	投资损益
	发行日期	到期日期	票面价值	利率	偿还方式						
国库券	2018 年 7 月 1 日	2021 年 7 月 1 日	1 000	6%	到期还本付息	2018 年 7 月 1 日	100	100 000			

主管：成伟　　　审核：马前　　　制单：张永

备注：计提本年国库券利息收入

图 4-23 原始凭证

No. 11

要求：根据图 4-26、图 4-27 所示原始凭证编制图 4-24、图 4-25 的记账凭证。

广州市财政局
监制
标准会计凭证账簿系列

记 账 凭 证

年 月 日　　　　　　字第 号

摘要	会计科目		借方金额											贷方金额											记账√
	总账科目	明细科目	亿	千	百	十	万	千	百	十	元	角	分	亿	千	百	十	万	千	百	十	元	角	分	
附件 张	合计																								

会计主管　　记账　　出纳　　审核　　制证

图 4-24　记账凭证

广州市财政局
监制
标准会计凭证账簿系列

记 账 凭 证

年 月 日　　　　　　字第 号

摘要	会计科目		借方金额											贷方金额											记账√
	总账科目	明细科目	亿	千	百	十	万	千	百	十	元	角	分	亿	千	百	十	万	千	百	十	元	角	分	
附件 张	合计																								

会计主管　　记账　　出纳　　审核　　制证

图 4-25　记账凭证

公允价值变动损益计算表

2021 年 12 月 31 日　　　　金额单位：元

投资项目	持有股（份）数	单位市价	账面成本	市价总额	公允价值变动损益
国金实业股票		20.00			
华泰联合股票		16.50			
合　计					

备注：按期末公允价值对交易性金融资产计价。

图 4-26　原始凭证 1

长期股权投资减值准备计算表

2021 年 12 月 30 日　　　　金额单位：元

投资项目	持有股（份）数	账面价值	预计可收回金额	“长期股权投资减值准备”账户已有余额	应提减值准备
股票投资（平安实业）			20 000 000		
股票投资（中兴建设）			5 500 000		
合　计					

备注：期末计提长期股权投资减值准备

图 4-27　原始凭证 2

模块五 负债应用能力训练

（一）训练目的

了解借款及发行债券办理的凭证手续，掌握借款与债券的取得、计息、偿还等业务的核算工作，根据原始凭证填制记账凭证。

（二）训练资料

1. 企业名称：广北市兴华发动机厂
2. 企业地址、电话：广东省广北市黄埔大道8号；020-82352537
3. 注册资本：1 000万元
4. 营业执照：020873962
5. 法人代表：成伟
6. 纳税登记号：440104100777666
7. 开户银行：中国工商银行广北黄埔支行
8. 账号：6222083603007223698
9. 财务组织及人员分工：

总经理：张宁
财务经理：谢媚
会计主管：王思
出纳：李凤
制证会计：池永
记账会计：王建
审核：马林

10. 银行预留印鉴（见图 5-1）：

图 5-1　银行预留印鉴

11. 广北市兴华发动机厂 2021 年 1 月初短期借款月初余额资料如下：

（1）“短期借款”总账月初贷方余额 500 000 元。该项借款为生产周转借款，贷款银行为中国工商银行广州黄埔支行，存款账号 6222083603007223698，贷款账号 161，借款日期为上一年 7 月 31 日，借款期为 6 个月，月利率 2.4‰，每 3 个月结付一次利息，利息按月计提。

（2）2021 年发生部分经济业务如下：

No. 1

要求：根据图 5-3、图 5-4 所示原始凭证编制图 5-2 的记账凭证。

记　账　凭　证

广州市财政局监制

标准会计凭证账簿系列

年　月　日　　　　　　　　　　字第　号

摘要	会计科目		借方金额										贷方金额										记账
	总账科目	明细科目	亿	千	百	十	万	千	百	十	元	角	分	亿	千	百	十	万	千	百	十	元	角	分	√
附件　张	合　计																								

会计主管　　　　记账　　　　出纳　　　　审核　　　　制证

图 5-2　记账凭证

1 月 1 日，取得短期借款。

中国工商银行短期贷款合同

中国工商银行广北黄埔支行（以下简称“贷款方”）

广北市兴华发动机厂（以下简称“借款方”）

广北市安顺机械厂（以下简称“保证方”）

为明确责任，恪守合同，特签订本合同，共同信守。

一、贷款种类：工业企业短期借款

二、借款金额：伍拾万元整

三、借款用途：进口原材料

四、借款利率：月息 2‰，按季收息，利随本清。如遇国家调整利率，按调整后的规定利率计算。

五、借款期限：双方约定为一年零个月，借款时间自二〇二一年一月一日至二〇二一年八月三十一日止。

六、还款资金来源：营业收入

七、还款方式：转账

八、保证条款：借款方请安顺机械厂作为自己借款保证方。经贷款方审查，证实保证方具有担保资格和足够代偿借款的能力。保证方有权检查和督促借款方履行合同。当借款方不履行合同时，由保证方连带承担偿还借款本息的责任。必要时，贷款方可以从保证方的存款账户内扣收贷款本息。

九、违约责任：（略）

合同的附件：（略）

本合同经各方签字后生效，贷款本息全部清偿后自动失效。

本合同正本一式三份，贷款方、借款方、保证方各执一方；合同副本 1 份，报送1 有关单位各留存一份。

贷款方（公盖）　中国工商银行广北黄埔支行 贷款合同专用章

借款方（公盖）　广北市兴华发动机厂

保证方（公盖）　广北市安顺机械厂

法人代表（盖章）代晓印章　2021 年 1 月 1 日

法人代表（盖章）方星印章　2021 年 1 月 1 日

法人代表（盖章）采明印章　2021 年 1 月 1 日

借款方开户银行：中国工商银行广北黄埔支行

账号：6222083603007223698

图 5-3　原始凭证 1

中国工商银行借款借据（收账通知） ⑤

借款企业名称：广北市兴华发动机厂　　2021 年 1 月 1 日

<table>
<tr><td>贷款种类</td><td>短期借款</td><td>贷款账号</td><td>162</td><td>存款账号</td><td colspan="11">工行广北黄埔支行
6222083603007223698</td></tr>
<tr><td rowspan="2">借款金额</td><td rowspan="2" colspan="4">人民币（大写）：伍拾万元整</td><td>亿</td><td>千</td><td>百</td><td>十</td><td>万</td><td>千</td><td>百</td><td>十</td><td>元</td><td>角</td><td>分</td></tr>
<tr><td></td><td></td><td>¥</td><td>5</td><td>0</td><td>0</td><td>0</td><td>0</td><td>0</td><td>0</td><td>0</td></tr>
<tr><td colspan="16">借款用途：进口原材料</td></tr>
<tr><td colspan="2">约定还款期：</td><td colspan="3">期限 8 个月</td><td colspan="11">于 2021 年 8 月 31 日到期</td></tr>
<tr><td colspan="5">上列借款已批准发放，转入你单位存款账户。
此致

（银行签单）</td><td colspan="11">单位分录：
（借）
（贷）
主管　会计　复核　记账
2021 年 1 月 1 日</td></tr>
</table>

此联转账后退还借款单位

中国工商银行
广北黄埔支行
2021.01.01
转讫
(1)

图 5-4　原始凭证 2

No. 2

要求：根据图 5-6、图 5-7、图 5-8 所示原始凭证编制图 5-5 的记账凭证。

记　账　凭　证

广州市财政局
监制
标准会计凭证账簿系列

年　月　日　　　　字第　号

摘　要	会计科目		借方金额											贷方金额											记账
	总账科目	明细科目	亿	千	百	十	万	千	百	十	元	角	分	亿	千	百	十	万	千	百	十	元	角	分	√
附件　　张	合　计																								

会计主管　　记账　　出纳　　审核　　制证

图 5-5　记账凭证

核定贷款指标通知

2021 年度

贷款种类：代理开发银行基建借款　　　　贷款级别：中央

贷款单位：广北市兴华发动机厂　　　　主管部门：航天部

贷款经办行：中国建设银行广北天河支行　　　　核定指标行：中国建设银行广东省分行

本次核定指标	亿	千	百	十	万	千	百	十	元	角	分	累计核定指标	亿	千	百	十	万	千	百	十	元	角	分
		¥	1	5	0	0	0	0	0	0	0			¥	1	5	0	0	0	0	0	0	0
说明	根据 2021 年 1 月 1 日 1 号文件核定。											签发行盖章： 复核：　记账：											

中国建设银行广东省分行 （投一） 贷款指标专用章

行长：孙明　　　　业务主管：张冬　　　　经办人：贺利

备注：1 月 1 日，向中国建设银行借款 150 万元，并于 3 月 1 日用于新车间基本建设。企业按年计息。

图 5-6　原始凭证 1

中国建设银行短期借款合同

立合同单位：

借方单位（简称甲方）广北市兴华发动机厂

贷款银行（简称乙方）中国建设银行广北天河支行

借款保证单位（简称保证方）广北市子谷物业股份有限公司

甲方为进行建设和发展的需要，依据中国建设银行广东省分行下达的贷款指标，特向乙方申请借款，经乙方审查同意发放。为明确双方责任，恪守合同，特签订本合同，共同信守。

一、甲方向乙方借款人民币（大写）：壹佰伍拾万元，规定用于新车间的基本建设。

二、借款期约定三年零个月，即从二〇二一年一月一日至二〇二一年十二月三十一日。乙方保证按设计计划和信贷计划，在下达的贷款指标额度内贷出资金。甲方保证按规定的借款用途用款。

三、贷款利息自支用贷款之日起，以实际贷数按年息 5%计算，到期偿还本息。

四、甲方保证按还款计划归还贷款本金。甲方如不能按期偿还，乙方有权从甲方的存款户中扣收。

五、保证条款：甲方请广北市子谷物业股份有限公司作为自己借款保证方。经乙方审查，证实保证方具有担保资格和足够代偿借款的能力。保证方有权检查和督促甲方履行合同。当甲方不履行合同时，由保证方连带承担偿还借款本息的责任。必要时，乙方可以从保证方的存款账户内扣收贷款本息。

六、违约责任：（略）

合同的附件：借款申请书，担保协议书

双方商定的其他条件：（略）

本合同经各方签字后生效，贷款本息全部清偿后自动失效。

本合同正本一式三份，甲方、乙方、保证方各执一份；合同副本 1 份 送乙方财会部门和有关部门。

图 5-7（续）

广北市兴华发动机厂
借款单位（公盖）

中国建行银行广北黄埔支行
贷款单位（公盖）
贷款合同
专用章

广北市子谷物业股份有限公司
担保单位（公盖）

法人代表（盖章） 印章 代立
2021 年 1 月 1 日

法人代表（盖章） 印章 方玉
2021 年 1 月 1 日

法人代表（盖章） 印章 戴明
2021 年 1 月 1 日

借款方开户银行：中国工商银行广北黄埔支行

账号：6222083603007223698

图 5-7　原始凭证 2

中国建设银行借款借据（收账通知）⑤

借款企业名称：广北市兴华发动机厂　　2021 年 1 月 1 日

<table>
<tr><td>贷款种类</td><td>基建贷款</td><td>贷款账号</td><td>130</td><td>存款账号</td><td colspan="11">工行广北黄埔支行
6222083603007223698</td></tr>
<tr><td rowspan="2">借款金额</td><td colspan="4" rowspan="2">人民币（大写）壹佰伍拾万元整</td><td>亿</td><td>千</td><td>百</td><td>十</td><td>万</td><td>千</td><td>百</td><td>十</td><td>元</td><td>角</td><td>分</td></tr>
<tr><td></td><td>¥</td><td>1</td><td>5</td><td>0</td><td>0</td><td>0</td><td>0</td><td>0</td><td>0</td><td>0</td></tr>
<tr><td colspan="16">借款用途：进口原材料</td></tr>
<tr><td>约定还款期：</td><td colspan="3">期限 3 年</td><td colspan="12">于 2021 年 12 月 31 日到期</td></tr>
<tr><td colspan="4">上列借款已批准发放，转入你单位存款账户。
此致

（银行签单）</td><td colspan="12">单位分录：
（借）
（贷）
主管　会计　复核　记账
2021 年 1 月 1 日</td></tr>
</table>

中国建设银行
广北黄埔支行
2021.01.01
转讫
(1)

此联转账后退还借款单位

行长：孙亮　　业务主管：张东　　经办人：贺兴

图 5-8　原始凭证 3

No. 3

要求：根据图 5-11 所示原始凭证编制图 5-9、图 5-10 的记账凭证。

记 账 凭 证

广州市财政局 监制 标准会计凭证账簿系列

年 月 日　　　　字第 号

摘 要	会计科目		借方金额											贷方金额											记账√
	总账科目	明细科目	亿	千	百	十	万	千	百	十	元	角	分	亿	千	百	十	万	千	百	十	元	角	分	
附件 张	合 计																								

会计主管　　记账　　出纳　　审核　　制证

图 5-9 记账凭证

记 账 凭 证

广州市财政局 监制 标准会计凭证账簿系列

年 月 日　　　　字第 号

摘 要	会计科目		借方金额											贷方金额											记账√
	总账科目	明细科目	亿	千	百	十	万	千	百	十	元	角	分	亿	千	百	十	万	千	百	十	元	角	分	
附件 张	合 计																								

会计主管　　记账　　出纳　　审核　　制证

图 5-10 记账凭证

应付利息计算表

2021 年 1 月 31 日

贷款银行	借款种类	累计积数	月利率	利率额

审核：马林　　　　制单：池永

备注：预提本月短期借款利息，累计积数即借款余额之和。

图 5-11　记账凭证

No. 4

要求：根据图 5-13 所示原始凭证编制图 5-12 的记账凭证。

记　账　凭　证

广州市财政局监制 标准会计凭证账簿系列

年　月　日　　　　字第　号

摘　要	会计科目		借方金额											贷方金额											记账
	总账科目	明细科目	亿	千	百	十	万	千	百	十	元	角	分	亿	千	百	十	万	千	百	十	元	角	分	√
附件　张	合　计																								

会计主管　　记账　　出纳　　审核　　制证

图 5-12　记账凭证

中国工商银行计收利息清单（支款通知） ③

2021 年 1 月 31 日

户名	广北市兴华发动机厂				账号	6222083603007223698
计息起止时间	2020 年 11 月 1 日至 2021 年 1 月 31 日（共三个月）					
贷款种类	贷款账号	计息日贷款余额	计息积数	月	计收利息金额	左列贷款利息业已从你单位账户扣付
	161	500 000. 00	500 000. 00	2. 4‰	3 600. 00	
						（银行签单）
利息金额人民币（大写）	叁仟陆佰元整	百 十 万 千 百 十 元 角 分				
		¥ 3 6 0 0 0 0				

单位主管：方星　　会计：池永　　复核：马林　　记账：王建

图 5-13　原始凭证

No. 5

要求：根据图 5-15 所示原始凭证编制图 5-14 的记账凭证。

记　账　凭　证

年　月　日　　　　字第　号

摘　要	会计科目		借方金额											贷方金额											记账√
	总账科目	明细科目	亿	千	百	十	万	千	百	十	元	角	分	亿	千	百	十	万	千	百	十	元	角	分	
附件　　张	合　计																								

会计主管　　记账　　出纳　　审核　　制证

图 5-14　记账凭证

中国工商银行

转账支票存根

No：10303218
08567967

附加信息

出票日期：2021 年 1 月 31 日

收款人：工行广北黄埔支行

金额：￥500 000.00

用途：偿还本年度期初借款本金

单位主管 方星 会计 王建

图 5-15 原始凭证

No. 6

要求：根据图 5-17 所示原始凭证编制图 5-16 的记账凭证。

记 账 凭 证

广州市财政局监制 标准会计凭证账簿系列

年 月 日 字第 号

摘 要	会计科目		借方金额											贷方金额											记账
	总账科目	明细科目	亿	千	百	十	万	千	百	十	元	角	分	亿	千	百	十	万	千	百	十	元	角	分	√
附件 张	合 计																								

会计主管 记账 出纳 审核 制证

图 5-16 记账凭证

代理发行企业债券协议书

发行债券单位：广北市兴华发动机（甲方）

代理发行债券单位：中国建设银行广北天河支行证券部（乙方）

发行债券担保单位：广北市汽车电器工业（集团）公司（担保方）

为建行固定资产，经中国人民银行天河支行批准，发行企业债券 1 000 万元，期限 3 年，年利率 4.8%，委托乙方采用代销方式代理发行，为明确责任，经双方协商，达成如下协议：

一、甲方为企业债券的债务人，承担债券的全部风险和经济、法律责任，债券的设计、印刷、广告宣传费用由甲方负责，乙方协助办理。

二、乙方为甲方债券发行的代理人，负责债券的保管、发行、兑付、销毁工作，但不承担债券到期不能按时兑付本息的经济责任和法律责任。

三、债券发行完毕后 5 日内，乙方将全部所销债券资金划到甲方账户上。

四、债券到期 7 日前，甲方将全部债券本息划到乙方账户。债券到期甲方不能如期还本付息时，担保方必须向乙方提供全部资金，确保债券按期还本付息。债券到期由乙方一次兑付本金和利息。

五、发行债券筹集的资金，甲方只能按中国人民银行批准的项目用于生产性固定资产的购建，不得挪作他用。

六、本协议一式五份，甲、乙双方各执一份、担保方一份，报送中国人民银行两份，协议自中国人民银行批准后生效。

七、甲方应将申请发行企业债券的全套资料各一份，作为协议的附件报送乙言。

广北市兴华发动机厂　发行债券单位（甲方）印章

中国建设银行广北天河支行　代理发行单位（乙方）印章　证券部

广北市汽车电器工业（集团）公司　发行担保单位印章

法人代表（盖章）代立印章 2021 年 2 月 5 日	法人代表（盖章）方玉印章 2021 年 2 月 5 日	法人代表（盖章）李明印章 2021 年 2 月 5 日

借款方开户银行：中国工商银行广北黄埔支行　　开户行：本行

账号：6222083603007223698　　账　号：2747-123

图 5-17　原始凭证

No. 7

要求：根据图 5-19 所示原始凭证编制图 5-18 的记账凭证。

记 账 凭 证

（广州市财政局 监制 标准会计凭证账簿系列）

年 月 日　　　　字第 号

摘要	会计科目		借方金额											贷方金额											记账√
	总账科目	明细科目	亿	千	百	十	万	千	百	十	元	角	分	亿	千	百	十	万	千	百	十	元	角	分	
附件 张	合 计																								

会计主管　　记账　　出纳　　审核　　制证

图 5-18 记账凭证

中国建设银行特种转账传票贷方凭证

2021 年 3 月 1 日　　凭证编号：0132

付款人				收款人			
付款人	全 称	中国建设银行天河支行		收款人	全 称	广北市兴华发动机	
	账 号	2747-123			账 号	6222083603007223698	
	开户银行	本行	行号		开户银行	工行黄埔支行	行号

金 额	人民币（大写）壹仟万元整	亿	千	百	十	万	千	百	十	元	角	分
			¥	1	0	0	0	0	0	0	0	0

原凭证金额		赔偿金	科 目（贷）： 对方科目（借）： 事后监督
原凭证名称		号码	
转账原因	债券款	银行盖章	复核：张冬 记账

（印章：中国建设银行 广北天河支行 2021.03.01 转讫）

代借方凭证或支款通知　附件 张

备注：建行天河支行转来债券款，假定不考虑发行费用。

图 5-19 原始凭证

No. 8

要求：根据图 5-21 所示原始凭证编制图 5-20 的记账凭证。

记 账 凭 证

广州市财政局监制 标准会计凭证账簿系列

年 月 日　　　　字第　号

摘　要	会计科目		借方金额										贷方金额										记账√
	总账科目	明细科目	亿	千	百	十	万	千	百	十	元	角	分	亿	千	百	十	万	千	百	十	元	角	分	
附件　张	合　计																								

会计主管　　记账　　出纳　　审核　　制证

图 5-20　记账凭证

中国工商银行计收利息清单（支款通知）　③

2021 年 1 月 31 日

<table>
<tr><td>户名</td><td colspan="4">广北市兴华发动机厂</td><td>账号</td><td>6222083603007223698</td></tr>
<tr><td>计息起止时间</td><td colspan="6">2021 年 1 月 1 日至 2021 年 3 月 31 日（共三个月）</td></tr>
<tr><td rowspan="4">贷款种类</td><td>贷款账号</td><td>计息日贷款余额</td><td>计息积数</td><td>月</td><td>计收利息金额</td><td rowspan="4">左列贷款利息业已从你单位账户扣付
中国工商银行 广北黄埔支行 2021.03.31 转讫
（银行签单）</td></tr>
<tr><td>162</td><td>500 000. 00</td><td>500 000. 00</td><td>2‰</td><td>3 000. 00</td></tr>
<tr><td></td><td></td><td></td><td></td><td></td></tr>
<tr><td></td><td></td><td></td><td></td><td></td></tr>
<tr><td colspan="2">利息金额
人民币（大写）</td><td colspan="2">叁仟元整</td><td colspan="2">百 十 万 千 百 十 元 角 分
　　¥ 3 0 0 0 0 0</td><td></td></tr>
</table>

单位主管：方星　　会计：池永　　复核：马林　　记账：王建

图 5-21　原始凭证

No. 9

要求：根据图 5-23 所示原始凭证编制图 5-22 的记账凭证。

广州市财政局
监制
标准会计凭证账簿系列

记 账 凭 证

年 月 日　　　　　　字第　号

摘　要	会计科目		借方金额										贷方金额										记账√
	总账科目	明细科目	亿	千	百	十	万	千	百	十	元	角	分	亿	千	百	十	万	千	百	十	元	角	分	
附件　　张	合　计																								

会计主管　　　　记账　　　　出纳　　　　审核　　　　制证

图 5-22　记账凭证

应付债券利息费用计算表

2021 年 12 月 31 日

债券名称	面值总额	利率	月数	应计利息	应摊债券折价	实际利息费用		备注
固定资产购置债券						资本化金额	费用化金额	2021 年 7 月 1 日发生资本支出 500 万元，固定资产建设期（全部投入建设）从 3 月 1 日起计息

审核：马林　　　　　　　　制单：池永

备注：计提本年度应付债券利息

图 5-23　原始凭证

No. 10

要求：根据图 5-25 所示原始凭证编制图 5-24 的记账凭证。

记 账 凭 证

广州市财政局
监制
标准会计凭证账簿系列

年 月 日 字第 号

摘要	会计科目		借方金额											贷方金额											记账√
	总账科目	明细科目	亿	千	百	十	万	千	百	十	元	角	分	亿	千	百	十	万	千	百	十	元	角	分	
附件 张	合 计																								

会计主管 记账 出纳 审核 制证

图 5-24 记账凭证

应付利息计算表

2021 年 12 月 31 日

贷款银行	借款种类	累计积数	年利率	利息费用	
				资本化利息	费用化利息

备注：计提新车间基本建设借款利息（2021 年 4 月 1 日起开始资本化）。

图 5-25 原始凭证

No. 11

要求：根据图 5-29 所示原始凭证编制图 5-26、图 5-27、图 5-28 的记账凭证。

记　账　凭　证

广州市财政局监制 标准会计凭证账簿系列

年　月　日　　　　　　　　　　字第　号

摘　要	会计科目		借方金额											贷方金额											记账
	总账科目	明细科目	亿	千	百	十	万	千	百	十	元	角	分	亿	千	百	十	万	千	百	十	元	角	分	√
附件　张	合　计																								

会计主管　　　　记账　　　　出纳　　　　审核　　　　制证

图 5-26　记账凭证

记　账　凭　证

广州市财政局监制 标准会计凭证账簿系列

年　月　日　　　　　　　　　　字第　号

摘　要	会计科目		借方金额											贷方金额											记账
	总账科目	明细科目	亿	千	百	十	万	千	百	十	元	角	分	亿	千	百	十	万	千	百	十	元	角	分	√
附件　张	合　计																								

会计主管　　　　记账　　　　出纳　　　　审核　　　　制证

图 5-27　记账凭证

广州市财政局监制
标准会计凭证账簿系列

记 账 凭 证

年 月 日　　　　　　　　字第 号

摘 要	会计科目		借方金额											贷方金额											记账√
	总账科目	明细科目	亿	千	百	十	万	千	百	十	元	角	分	亿	千	百	十	万	千	百	十	元	角	分	
附件 张	合 计																								

会计主管　　　　记账　　　　出纳　　　　审核　　　　制证

图 5-28　记账凭证

应付职工薪酬分配表

2021 年 12 月 31 日

会计科目	工资	计提的费用项目						合计
		医疗保险费	养老保险费	失业保险费	住房公积金	工会经费	职工教育经费	
生产成本 制造费用 管理费用 销售费用 在建工程								
合 计								

备注：计提本月应付工资 125 万元。其中：生产部门直接生产人员工资 50 万元；生产部门管理人员工资 20 万元；管理部门人员工资 30 万元；专设产品销售机构人员工资 15 万元；建造厂房人员工资 10 万元。根据所在地政府规定，分别按照职工总额的 10%、12%、2%、10.5%计提医疗保险费、养老保险费、失业保险费、住房公积金；分别按照职工工资总额的 2%和 8%计提工会经费和职工教育经费。

图 5-29　原始凭证

模块六 所有者权益应用能力训练

（一）训练目的

了解所有者权益的取得或形成以及减少的凭证手续，根据原始凭证填制记账凭证。

（二）训练资料

1. 企业名称：广北新世纪机械厂
2. 企业地址、电话：广东省广北市从化大道 3 号；020-82356752
3. 注册资本：1 500 万元
4. 营业执照：020873269
5. 法人代表：孙伟
6. 纳税登记号：440104100765421
7. 开户银行：中国工商银行广北从化支行
8. 账号：6222083603006463132
9. 财务组织及人员分工：

总经理：张冯

财务经理：谢粤

会计主管：王林

出纳：李娟

制证会计：辽永

记账会计：吴建

审核：马国华

10. 银行预留印鉴（见图 6-1）：

图 6-1　银行预留印鉴

11. 广北新世纪机械厂 2021 年 6 月初资料如下：

（1）广北新世纪机械厂为发起设立式有限责任公司，增值税一般纳税人。2021 年 5 月 31 日“实收资本”账户贷方余额为 45 000 000 元，“资本公积”账户贷方余额为 3 000 000元，“盈余公积”账户贷方余额为 3 450 000 元。

（2）广北新世纪机械厂 2021 年 5 月份经申请，被批准（工商局批准文号 2021 注字 060 号）新增注册资本 5 000 000 元。2021 年 6 月份发生的部分经济业务如下（假设增值税当月均未认证抵扣）：

No. 1

要求：根据图 6-3、图 6-4、图 6-5、图 6-6、图 6-7、图 6-8 所示原始凭证编制图 6-2 的记账凭证。

记　账　凭　证

广州市财政局 监制 标准会计凭证账簿系列

年　月　日　　　　　　　　字第　号

摘　要	会计科目		借方金额											贷方金额											记账
	总账科目	明细科目	亿	千	百	十	万	千	百	十	元	角	分	亿	千	百	十	万	千	百	十	元	角	分	√
附件　　张	合　计																								

会计主管　　　　记账　　　　出纳　　　　审核　　　　制证

图 6-2　记账凭证

投资协议书（摘录）

投出单位：广北黄河电机厂

投入单位：广北新世纪机械厂

……

第三，广北黄河电机厂向广北新世纪机械厂投资 9 910 000 元，其中，固定资产 7 910 000 元（含增值税，税率 13%），货币资金 2 000 000 元。

第四，广北黄河电机厂投资后占广北新世纪机械厂新注册资本 10%的份额。

第五，广北黄河电机厂在 2021 年 6 月 30 日向广北新世纪机械厂出资。

……

图 6-3　原始凭证 1

中国工商银行进账单（收账通知）　3

2021 年 6 月 5 日　　第 0368 号

收款人	全　称	广北新世纪机械厂	付款人	全　称	广北黄河电机厂
	账　号	6222083603006463132		账　号	6222083602018911123
	开户银行	工行从化办事处		开户银行	工行解放路办事处

金额	人民币（大写）贰佰万元整	千	百	十	万	千	百	十	元	角	分
		¥	2	0	0	0	0	0	0	0	0

票据种类	转账支票	票据张数	壹
票据号码	1020666688880012		
复核　　记账			收款人开户行盖章

中国工商银行 广北从化办事处 2021.06.05 转讫

此联是收款人开户银行给收款人的收账通知

图 6-4　原始凭证 2

（第二、三联略）

收　　据

2021 年 6 月 5 日　　第 70 号

今收到广北黄河电机厂投资款					
人民币（大写）贰佰万元整				¥ 2 000 000. 00	
事由：收投资款。				现金	
				支票	
收款单位	广北新世纪机械厂	财务主管	王林	收款人	李娟

广北市新世界机械厂 财务专用章

第三联　收据

图 6-5　原始凭证 3

固定资产转移单

投出单位：广北黄河电机厂

投入单位：广北新世纪机械厂　　2021 年 6 月 5 日　　金额单位：万元

转移原因或依据			股权投资					
固定资产名称	计量单位	数量	预计使用年限	尚可使用年限	原始价值	已提折旧	账面净值	双方确认价值
发电机组（300 千瓦）	台	1	10	8	350	70	280	339（含税）
剪材机（JC1-20×25）	台	1	7	4.5	300	100	200	452（含税）
投出单位 财务：万龙 经办：刘立	（公章）		投入单位 财务：王建 经办：李江	（公章）				

图 6-6　原始凭证 4

固定资产验收单

金额单位：万元

2021 年 6 月 5 日　　编号：001

固定资产名称	规格及型号	单位	数量	预计使用年限	尚可使用年限	投出单位账面价值			双方确认价值	备注
						原值	已提折旧	净值		
发电机组	300 千瓦	台	1	10	8	350	70	280	339（含税）	不需要安装
剪材机	JC1-20×25	台	1	7	4.5	300	100	200	452（含税）	不需要安装
投资人	广北黄河电机厂									

第三联　财会记账

设备科：　　负责人：吴长宏　　经办人：李民

图 6-7　原始凭证 5

广东省增值税专用发票

发票联

No. 00680013

开票日期：2021 年 6 月 5 日

购货单位	名　　　称：广北新世纪机械厂 纳税人识别号：440104100765421 地 址 、电 话：从化大道 3 号；020-82356752 开户行及账号：工行从化支行 6222083603006463132	密码区	略

货物及应税劳务名称	规格型号	单位	数量	单价	金额	税率	税额
发电机	300 千瓦	台	1	3 000 000.00	3 000 000.00	13%	390 000.00
剪材机	JC1-20×25	台	1	4 000 000.00	4 000 000.00		520 000.00
合计					¥7 000 000.00		¥910 000.00
价税合计（大写）	人民币柒佰玖拾壹万元整				（小写）¥7 910 000.00		

销货单位	名　　　称：广北黄河电机厂 纳税人识别号：440104100165322 地 址 、电 话：广北海珠区东路 6 号（86168625） 开户行及账号：工行海珠支行 551-643-628	备注	广北黄河电机厂 发票专用章 税号：440104100165322

第三联：发票联　购买方记账凭证

收款人：刘清　　复核：李东　　开票人：达华　　销货单位（章）：

图 6-8　原始凭证 6

No. 2

要求：根据图 6-10 所示原始凭证编制图 6-9 的记账凭证。

记　账　凭　证

年　月　日　　　　字第　号

摘　要	会计科目		借方金额										贷方金额										记账
	总账科目	明细科目	亿	千	百	十	万	千	百	十	元	角	分	亿	千	百	十	万	千	百	十	元	角	分	√
附件　　张	合　计																								

会计主管　　记账　　出纳　　审核　　制证

图 6-9　记账凭证

广北新世纪机械厂文件 厂办字第 9 号
关于用资本公积和盈余公积 转增实收资本的决议 …… 经研究决定，用资本公积 300 万元和盈余公积 400 万元转增实收资本。 …… 厂长：李浩 广北新世纪机械厂 2021 年 6 月 25 号

图 6-10　原始凭证

模块七 收入确认应用能力训练

（一）训练目的

熟悉销货方在各种结算方式下销售业务的财务处理，根据收入确认原则正确确认营业收入的实现，根据原始凭证填制记账凭证。

（二）训练资料

1. 企业名称：广北市白马空调厂
2. 企业地址、电话：广东省广北市花都大道 8 号；020-82357636
3. 注册资本：1 000 万元
4. 营业执照：020873367
5. 法人代表：李梓
6. 纳税登记号：440104100795636
7. 开户银行：中国工商银行广北花都支行
8. 账号：6222083603003467369
9. 财务组织及人员分工：

总经理：张国

财务经理：谢肯

会计主管：王福

出纳：李晓

制证会计：王霞

记账会计：吴芳

审核：王芳

10. 银行预留印鉴（见图 7-1）：

图 7-1　银行预留印鉴

11. 广北市白马空调厂生产 FIE 型风扇、MLQ 型家用空调、PWU 型商用中央空调 3 种产品。该企业为增值税一般纳税人，增值税税率为 13%。2021 年 8 月，该企业有关销售业务资料如下：

No. 1

要求：根据图 7-3、图 7-4 所示原始凭证编制图 7-2 的记账凭证。

记　账　凭　证

广州市财政局监制　标准会计凭证账簿系列

年　月　日　　　　　　　　字第　号

摘　要	会计科目		借方金额											贷方金额											记账
	总账科目	明细科目	亿	千	百	十	万	千	百	十	元	角	分	亿	千	百	十	万	千	百	十	元	角	分	√
附件　张	合　计																								

会计主管　　　记账　　　出纳　　　审核　　　制证

图 7-2　记账凭证

广东省增值税专用发票

No. 01080063

开票日期：2021 年 8 月 5 日

购货单位	名　　称：广北市百货公司 纳税人识别号：440104100686945 地 址 、电 话：广北大道 10 号；020-82356528 开户行及账号：工行广北支行 6222083606006467268				密码区	略	
货物及应税劳务名称	规格型号	单位	数量	单价	金额	税率	税额
空调	MLQ	台	20	3 600.00	72 000.00	13%	9 360.00
风扇	FIE	台	30	1 000.00	30 000.00	13%	3 900.00
合计					¥102 000.00		¥13 260.00
价税合计（大写）	人民币壹拾壹万伍仟贰佰陆拾元整				（小写）¥115 260.00		
销货单位	名　　称：广北市白马空调厂 纳税人识别号：440104100795636 地 址 、电 话：花都大道 8 号；020-82357636 开户行及账号：工行广北花都支行 6222083603003467369				备注	广北市白马空调厂 发票专用章 税号：440104100795636	

第一联：记账联　销售方记账凭证

收款人：李晓　　复核：王新　　开票人：王霞　　销货单位（章）：

图 7-3　原始凭证 1

中国工商银行商业承兑汇票

签发日期 贰零贰壹年零捌月零伍日　　N000186128

持票人	全　称	广北市白马空调厂			出票人	全　称	广北市百货公司									
	账　号	6222083603003467369				账　号	6222083606006467268									
	开户银行	工行花都支行	行号	14043		开户银行	工行广州支行	行号	13039							
汇票金额		人民币（大写）壹拾壹万伍仟贰佰陆拾元整					千	百	十	万	千	百	十	元	角	分
								¥	1	1	5	2	6	0	0	0
汇票到期日		贰零贰贰年零玖月零贰拾日		交易合同号码			06266									
本汇票已经本单位承兑，到期日无条件支付票款。 收款人盖章 付款人盖章 负责：李梓　经办：李强　2021 年 8 月 5 日 （广北市白马空调厂 财务专用章）					广北市百货公司 财务专用章 汇票签发人盖章 负责：杜华　经办：李强											

图 7-4　原始凭证 2

No. 2

要求：根据图 7-6、图 7-7、图 7-8、图 7-9 所示原始凭证编制图 7-5 的记账凭证。

记 账 凭 证

广州市财政局监制 标准会计凭证账簿系列

年 月 日　　　　　　　　字第 号

摘要	会计科目		借方金额											贷方金额											记账√
	总账科目	明细科目	亿	千	百	十	万	千	百	十	元	角	分	亿	千	百	十	万	千	百	十	元	角	分	
附件 张	合 计																								

会计主管　　　　记账　　　　出纳　　　　审核　　　　制证

图 7-5　记账凭证

销 售 合 同

广北市白马空调厂（以下称为甲方）与广北市顺德饭店（以下称为乙方）达成购销协议如下：

一、甲方向乙方出售 PWU 型商用中央空调一套，不含税售价人民币壹拾贰万元整。

二、甲方负责于 2021 年 8 月送货到乙方单位，并于 2021 年 8 月 20 日起至 2021 年 8 月 31 日止负责安装检验。

三、安装并投入使用后乙方试用一个月，如存在质量问题，乙方有权要求退货并由甲方负责赔偿损失。

四、双方约定价税款以支票方式结算，乙方于 2021 年 8 月 8 月向甲方支付全部款项的 50%，安装检验完毕验收合格时支付余下的 50%。

五、本合同经青岛市公证处公证，双方各执一份。

甲方：法人代表及单位签章（广北市白马空调厂 业务专用章）　　乙方：法人代表及单位签章（广北市顺德饭店 业务专用章）

李梓　　　　吴欣

公证人：王方

备注：8 月 8 日，根据销售合同发出 PWU 型商用中央空调一套，并预收部分货款

图 7-6　原始凭证 1

中国工商银行

转账支票存根

No：10303219
08567896

附加信息

出票日期：2021 年 8 月 8 日

收款人：广北市白马空调厂

金额：￥67 800.00

用途：预收货款

单位主管 李梓　会计 吴芳

图 7-7　原始凭证 2

收　款　收　据

2021 年 8 月 8 日

缴款单位或个人	广北市顺德饭店				
款项内容	预收货款			收款方式	转账支票
人民币（大写）	陆万柒仟捌佰元整				￥67 800.00
收款单位盖章		收款人签章	李晓	备注	

广北市白马空调厂　银行收讫

第三联　记账联

图 7-8　原始凭证 3

中国工商银行进账单（收账通知）　3

2021 年 8 月 8 日　　第 0289 号

<table>
<tr><td rowspan="3">收款人</td><td>全　称</td><td>广北市白马空调厂</td><td rowspan="3">付款人</td><td>全　称</td><td colspan="11">广北市顺德饭店</td></tr>
<tr><td>账　号</td><td>6222083603003467369</td><td>账　号</td><td colspan="11">6222083606003467363</td></tr>
<tr><td>开户银行</td><td>工行花都办事处</td><td>开户银行</td><td colspan="11">工行北京路办事处</td></tr>
<tr><td rowspan="2">金额</td><td colspan="4" rowspan="2">人民币（大写）陆万柒仟捌佰元整</td><td>千</td><td>百</td><td>十</td><td>万</td><td>千</td><td>百</td><td>十</td><td>元</td><td>角</td><td>分</td></tr>
<tr><td></td><td></td><td>¥</td><td>6</td><td>7</td><td>8</td><td>0</td><td>0</td><td>0</td><td>0</td></tr>
<tr><td colspan="2">票据种类</td><td>转账支票　票据张数　壹</td><td colspan="12" rowspan="3">收款人开户行盖章</td></tr>
<tr><td colspan="2">票据号码</td><td>33880012</td></tr>
<tr><td colspan="3">复核　　记账</td></tr>
</table>

此联是收款人开户银行给收款人的收账通知

中国工商银行
广北花都办事处
2021.08.08
转讫

图 7-9　原始凭证 4

（第二、三联略）

No. 3

要求：根据图 7-11、图 7-12 所示原始凭证编制图 7-10 的记账凭证。

记　账　凭　证

广州市财政局
监制
标准会计凭证账簿系列

年　月　日　　字第　号

摘　要	会计科目		借方金额											贷方金额											记账√
	总账科目	明细科目	亿	千	百	十	万	千	百	十	元	角	分	亿	千	百	十	万	千	百	十	元	角	分	
附件　　张	合　计																								

会计主管　　记账　　出纳　　审核　　制证

图 7-10　记账凭证

广东省增值税专用发票

广东省

记 账 联

No. 01080064

开票日期：2021 年 8 月 15 日

购货单位	名　　称：广北市万汇商厦 纳税人识别号：440104100636846 地 址 、电 话：广林大道 20 号；020-82353529 开户行及账号：工行天河支行 6222083606003537221				密码区	略	
货物及应税劳务名称	规格型号	单位	数量	单价	金额	税率	税额
风扇	FIE	台	50	900.00	45 000.00	13%	5 850.00
合计					¥45 000.00		¥5 850.00
价税合计（大写）	人民币伍万零捌佰伍拾元整				（小写）¥50 850.00		
销货单位	名　　称：广北市白马空调厂 纳税人识别号：440104100795636 地 址 、电 话：花都大道 8 号；020-82357636 开户行及账号：工行花都支行 6222083603003467369				备注	广北市白马空调厂 发票专用章 税号：440104100795636	

第一联：记账联　销售方记账凭证

收款人：李晓　　复核：王新　　开票人：王霞　　销货单位（章）：

备注：赊销产品，估计 10 天内付款的可能性为 90%，超过 10 天付款的可能性为 10%。

图 7-11　原始凭证 1

广北市白马空调厂商业信用凭证

2021 年 8 月 15 日

信用种类	赊销	付款单位	全　称	广北市万汇商厦
信用条件	2/10，N/30		账　号	6222083606003537221
信用金额	¥50 850.00		开户行	工商银行
人民币金额大写：伍万零捌佰伍拾元整				

财务负责人：王福　　购货单位经办人：吴彬

图 7-12　原始凭证 2

No. 4

要求：根据图 7-14、图 7-15、图 7-16、图 7-17、图 7-18 所示原始凭证编制图 7-13的记账凭证。

记 账 凭 证

（广州市财政局监制 标准会计凭证账簿系列）

年 月 日　　　　字第 号

摘 要	会计科目		借方金额										贷方金额										记账√
	总账科目	明细科目	亿	千	百	十	万	千	百	十	元	角	分	亿	千	百	十	万	千	百	十	元	角	分	
附件 张	合 计																								

会计主管　　记账　　出纳　　审核　　制证

图 7-13　记账凭证

广东省增值税专用发票

（全国统一发票监制章 广东省 国家税务局监制）

发 票 联

No. 01080064

开票日期：2021 年 8 月 20 日

购货单位	名 称：广北市东川百货公司 纳税人识别号：440104100236347 地 址 、电 话：海林大道 10 号；020-82362598 开户行及账号：工行天河支行 6222083606006637331				密码区	略	
货物及应税劳务名称	规格型号	单位	数量	单价	金额	税率	税额
空调	MLQ	台	30	3 500.00	105 000.00	13%	13 650.00
合计					¥105 000.00	13%	¥13 650.00
价税合计（大写）	人民币壹拾壹万捌仟陆佰伍拾元整					（小写）	¥118 650.00
销货单位	名 称：广北市白马空调厂 纳税人识别号：440104100795636 地 址 、电 话：花都大道 8 号；020-82357636 开户行及账号：工行花都支行 6222083603003467369				备注	（广北市白马空调厂 发票专用章 税号：440104100795636）	

第一联：记账联 销售方记账凭证

收款人：李晓　　复核：王新　　开票人：王霞　　销货单位（章）：

备注：销售产品，办妥托收手续。

图 7-14　原始凭证 1

中国工商银行托收承付结算凭证（回单） 1

第 25 号

委托日期 2021 年 8 月 20 日　　托收号码：6279

收款人	全　称	广北市白马空调厂			付款人	全　称	广北市东川百货公司		
	账　号	6222083603003467369				账　号	6222083606006637331		
	开户银行	工行支行	行号	13042		开户银行	工行支行	行号	10001
托收金额	人民币（大写）壹拾贰万零壹佰叁拾壹元整					亿 千 百 十 万 千 百 十 元 角 分	¥ 1 2 0 1 3 1 0 0		
附　件		商品发运情况			合同名称号码				
附件单证张数或册数	3	商品通过铁路运输			06681				
备注：		款项收妥日期 年　月　日			收款人开户银行盖章 年　月　日				

此联是收款人开户银行给收款人的回单

（印章：中国工商银行 广北花都办事处 2021.08.15 业务章）

图 7-15　原始凭证 2

广东省增值税专用发票

（印章：全国统一发票监制章 广东省 国家税务总局监制）

发票联

No. 16312866

开票日期：2021 年 8 月 20 日

购货单位	名　　称：广北市东川百货公司 纳税人识别号：440104100236347 地 址 、电 话：海林大道 10 号；020-82362598 开户行及账号：工行天河支行 6222083606006637331				密码区	略	
货物及应税劳务名称	规格型号	单位	数量	单价	金额	税率	税额
运费					900. 00	9%	81. 00
合计					¥900. 00		¥81. 00
价税合计（大写）	人民币玖佰捌拾壹元整				（小写）¥981. 00		
销货单位	名　　称：广北市港务局 纳税人识别号：440104100805662 地 址 、电 话：从化大道 3 号；020-82365634 开户行及账号：工行从化支行 6222083603003628951				备注	从化—东川百货公司	

（印章：广北市港务局 发票专用章 税号：440104100805662）

收款人：李晓　　复核：王新　　开票人：王霞　　销货单位（章）：

第一联：记账联　销售方记账凭证

图 7-16　原始凭证 3

广东省增值税专用发票

广东省

发 票 联

No. 16312897

开票日期：2021 年 8 月 20 日

购货单位	名　　称：广北市东川百货公司 纳税人识别号：440104100236347 地 址 、电 话：海林大道 10 号；020-82362598 开户行及账号：工行天河支行 6222083606006637331	密码区	略

货物及应税劳务名称	规格型号	单位	数量	单价	金额	税率	税额
装卸费					471.70	6%	28.30
合计					￥471.70		￥28.30
价税合计（大写）	人民币伍佰元整				（小写）￥500.00		

销货单位	名　　称：广北市港务局 纳税人识别号：440104100805662 地 址 、电 话：从化大道 3 号；020-82365634 开户行及账号：工行从化支行 6222083603003628951	备注	广北市港务局 发票专用章 税号：440104100805662

收款人：李晓　　复核：王新　　开票人：王霞　　销货单位（章）：

第一联：记账联 销售方记账凭证

图 7-17　原始凭证 4

中国工商银行

转账支票存根

No：10303219
09876512

附加信息

出票日期：2021 年 8 月 20 日

收款人：广北市港务局

金额：￥1 481.00

用途：运费、装卸费

单位主管 李 梓　　会计 吴 芳

图 7-18　原始凭证 5

No. 5

要求：根据图 7-20 所示原始凭证编制图 7-19 的记账凭证。

记　账　凭　证

广州市财政局 监制 标准会计凭证账簿系列

年　月　日　　　　字第　号

摘　要	会计科目		借方金额											贷方金额											记账√
	总账科目	明细科目	亿	千	百	十	万	千	百	十	元	角	分	亿	千	百	十	万	千	百	十	元	角	分	
附件　张	合　计																								

会计主管　　记账　　出纳　　审核　　制证

图 7-19　记账凭证

收到货款（已扣现金折扣）

中国工商银行电划贷方补充报单（收款通知）　4

发报行	行号	13042	编制日期	2021 年 8 月 24 日	收报人	行号	1653
	行名	中国工商银行				行名	中国工商银行花都办事处

		千	百	十	万	千	百	十	元	角	分
收款单位	账号或地址 6222083603003467369 名称 广北市白马空调厂										
金额	肆万玖仟捌佰叁拾叁元整			¥	4	9	8	3	3	0	0
付款单位名称	广北市万汇商厦										
事由	扣除折扣　1 017.00 元										

上列款项已代转账，如有错误，请持此联来行面洽。 此致 中国工商银行 广北花都支行 2021.08.24 转讫 （开户银行盖章） 年　月　日	上列款项已照收无误 证件名称：身份证 证件号码： 440241960061668 76 广北市白马空调厂 财务专用章 （收款单位盖章） 2021 年 8 月 24 日	科目（贷） 对方科目（借） 记账　复核　出纳 转账日期　年　月　日

NO1988363

图 7-20　原始凭证

No. 6

要求：根据图 7-22、图 7-23 所示原始凭证编制图 7-21 的记账凭证。

记 账 凭 证

（广州市财政局监制 标准会计凭证账簿系列）

年 月 日 字第 号

摘 要	会计科目		借方金额											贷方金额											记账√
	总账科目	明细科目	亿	千	百	十	万	千	百	十	元	角	分	亿	千	百	十	万	千	百	十	元	角	分	
附件 张	合 计																								

会计主管 记账 出纳 审核 制证

图 7-21 记账凭证

广东省增值税专用发票

广东省

（全国统一发票监制章 国家税务局监制）

发 票 联

No. 01080065

开票日期：2021 年 8 月 25 日

购货单位	名 称：广北江门铝制品加工厂 纳税人识别号：440104100136346 地 址 、电 话：海林大道 10 号；020-82363561 开户行及账号：工行海沙支行 6222083606008838791				密码区	略	
货物及应税劳务名称	规格型号	单位	数量	单价	金额	税率	税额
旧铝合金窗		套	120	25.00	3 000.00	13%	390.00
合计					¥3 000.00		¥3 390.00
价税合计（大写）	人民币叁仟叁佰玖拾元整					（小写） ¥3 390.00	
销货单位	名 称：广北市白马空调厂 纳税人识别号：440104100795636 地 址 、电 话：花都大道 8 号；020-82357636 开户行及账号：工行花都支行 6222083603003467369				备注	广北市白马空调厂 发票专用章 税号：440104100795636	

第一联：记账联 销售方记账凭证

收款人：李晓 复核：王新 开票人：王霞 销货单位（章）：

图 7-22 原始凭证 1

收 款 收 据

2021 年 8 月 25 日

缴款单位或个人	广北江门铝制品加工厂				
款项内容	售废旧物资		收款方式	现金	
人民币（大写）	叁仟叁捌佰玖拾元整 现金收讫		¥3 390.00		
收款单位盖章		收款人签章	李晓	备注	

第三联 记账联

广北市白马空调厂

图 7-23 原始凭证 2

No. 7

要求：根据图 7-25、图 7-26 所示原始凭证编制图 7-24 的记账凭证。

记 账 凭 证

广州市财政局监制 标准会计凭证账簿系列

年 月 日 字第 号

摘 要	会计科目		借方金额											贷方金额											记账√
	总账科目	明细科目	亿	千	百	十	万	千	百	十	元	角	分	亿	千	百	十	万	千	百	十	元	角	分	
附件 张	合 计																								

会计主管 记账 出纳 审核 制证

图 7-24 记账凭证

广东省增值税专用发票

记 账 联

No. 01080066

开票日期：2021 年 8 月 30 日

购货单位	名　　称：广北市顺德饭店 纳税人识别号：440104100795636 地 址 、电 话：花都大道 8 号；020-82357636 开户行及账号：工行花都支行 6222083603003467369				密码区	略		
货物及应税劳务名称	规格型号	单位	数量	单价	金额	税率	税额	
商用中央空调	PWU	套	1	120 000. 00	120 000. 00	13%	15 600. 00	
合计					¥ 120 000. 00		¥ 15 600. 00	
价税合计（大写）	人民币壹拾叁万伍仟陆佰元整				（小写）¥ 135 600. 00			
销货单位	名　　称：广北市白马空调厂 纳税人识别号：440104100795636 地 址 、电 话：花都大道 8 号；020-82357636 开户行及账号：工行花都支行 6222083603003467369				备注	广北市白马空调厂 发票专用章 税号：440104100795636		

第一联：记账联　销售方记账凭证

收款人：李晓　　复核：王新　　开票人：王霞　　销货单位（章）：

备注：收到剩余货款，并开出销售发票。

图 7-25　原始凭证 1

中国工商银行进账单（收账通知）　3

2021 年 8 月 30 日　　第 0290 号

收款人	全　称	广北市白马空调厂	付款人	全　称	广北市顺德饭店
	账　号	6222083603003467369		账　号	6222083606003467363
	开户银行	工行花都办事处		开户银行	工行北京路办事处
金额	人民币（大写）陆万柒仟捌佰元整				千 百 十 万 千 百 十 元 角 分 ¥ 6 7 8 0 0 0 0
票据种类	转账支票	票据张数	壹		
票据号码					
复核　记账					收款人开户行盖章

中国工商银行 广北花都办事处 2021.08.30 转讫

此联是收款人开户银行给收款人的收账通知

图 7-26　原始凭证 2

（第二、三联略）

No. 8

要求：根据图 7-28 所示原始凭证编制图 7-27 的记账凭证。

记　账　凭　证

广州市财政局 监制 标准会计凭证账簿系列

年　月　日　　　　　　　　　　字第　号

摘　要	会计科目		借方金额											贷方金额											记账√
	总账科目	明细科目	亿	千	百	十	万	千	百	十	元	角	分	亿	千	百	十	万	千	百	十	元	角	分	
附件　张	合　计																								

会计主管　　　　记账　　　　出纳　　　　审核　　　　制证

图 7-27　记账凭证

广北市白马空调厂

产品出库厂

2021 年 8 月 31 日

产品名称	计量单位	数量	单位成本/元	金额/元
MLQ 空调	台	50	3 000.00	150 000.00
FLE 风扇	台	80	700.00	56 000.00
PWU 空调	台	1	100 000.00	100 000.00

备注：结转本月发出产品成本。

图 7-28　原始凭证

模块八 所得税会计应用能力训练

（一）训练目的

熟悉所得税的计算依据、应纳税所得额的调整内容与计算方法，区分永久性差异与暂时性差异，了解资产负债表债务法，根据原始凭证填制记账凭证。

（二）训练资料

1. 企业名称：广北市第二汽车制造厂
2. 企业地址、电话：广东省广北市南沙大道 10 号；020-82356336
3. 注册资本：10 000 万元
4. 营业执照：020879966
5. 法人代表：李萌
6. 纳税登记号：440104100896628
7. 开户银行：中国工商银行广北南沙支行
8. 账号：6222083603002368396
9. 财务组织及人员分工：

总经理：张应

财务经理：谢庆

会计主管：王嘉

出纳：李数

制证会计：马丽

记账会计：吴顺

审核：王腾

10. 银行预留印鉴（见图 8-1）：

图 8-1　银行预留印鉴

11. 广北市第二汽车制造厂生产环保型专用汽车。其所得税采用资产负债表债务法进行核算，所得税税率为 25%。该企业按各季度的实际利润预缴所得税，年终汇算清缴。2021 年，该企业已按利润预缴所得税 660 000 元。年初“递延所得税资产”科目借方余额13 500元。

12. 该企业 2021 年税前会计利润总额 3 000 000 元。该企业年终决算时，发现有下列纳税调整事项：

No. 1

要求：根据图 8-3、图 8-4、图 8-5 所示原始凭证编制图 8-2 的记账凭证。

记　账　凭　证

广州市财政局监制

标准会计凭证账簿系列

年　月　日　　　　字第　号

摘　要	会计科目		借方金额										贷方金额										记账
	总账科目	明细科目	亿	千	百	十	万	千	百	十	元	角分	亿	千	百	十	万	千	百	十	元	角分	√
附件　张	合　计																						

会计主管　　记账　　出纳　　审核　　制证

图 8-2　记账凭证

广北市第二汽车制造厂文件

（2021）10 号

☆

关于赠送给广北市环卫局垃圾车的决定

广北市环卫局：

近几年来，我厂研制开发的环卫用带盖垃圾车已批量生产，在研制过程中，广北市环卫局给予了大力的协助和配合，为广北市环卫事业和建立全国卫生城市做出了突出的贡献。经研究决定，赠送广北市环卫局两辆长城牌封闭式自卸垃圾车，含税价格 79 100 元（增值税税率 13%）。

广北市第二汽车制造厂（章）

2021 年 5 月 10 日

图 8-3　原始凭证 1

广东省增值税专用发票

（全国统一发票监制章　广东省　国家税务局监制）

发票联

No. 01112120

开票日期：2021 年 5 月 10 日

购货单位	名　　称：广北市环卫局 纳税人识别号：440104100885648 地 址 、电 话：花都大道 8 号；020-82357535 开户行及账号：工行南沙支行 6222083602002467368				密码区	略	
货物及应税劳务名称	规格型号	单位	数量	单价	金额	税率	税额
封闭式自卸垃圾车	QWU	辆	2	35 000. 00	70 000. 00	13%	9 100. 00
合计					¥70 000. 00		¥9 100. 00
价税合计（大写）	人民币柒万玖仟壹佰元整					（小写）¥79 100. 00	
销货单位	名　　称：广北市第二汽车制造厂 纳税人识别号：440104100896628 地 址 、电 话：南沙大道 10 号；020-82356336 开户行及账号：工行南沙支行 6222083603002368396				备注	广北市第二汽车制造厂 发票专用章 税号：440104100896628	

第一联：记账联　销售方记账凭证

收款人：李数　　复核：王腾　　开票人：马丽　　销货单位（章）：

图 8-4　原始凭证 2

广北市第二汽车制造厂

产品出库单

2021 年 5 月 10 日　　　　　　第 168 号

产品名称	规格型号	单位	数量	单位成本	金额
封闭式自卸垃圾车	QWU	辆	2	30 400.00	60 800.00
合　计					￥60 800.00

图 8-5　原始凭证 3

No. 2

要求：根据图 8-7、图 8-8 所示原始凭证编制图 8-6 的记账凭证。

记　账　凭　证

年　月　日　　　　　　字第　号

摘　要	会计科目		借方金额											贷方金额											记账√
	总账科目	明细科目	亿	千	百	十	万	千	百	十	元	角	分	亿	千	百	十	万	千	百	十	元	角	分	
附件　　张	合　计																								

会计主管　　　记账　　　出纳　　　审核　　　制证

图 8-6　记账凭证

收到到期国债本金和利息，利息按本金的 10%计算。

广北市财政局国债服务部

买卖证券凭证

买

2021 年 7 月 16 日

证券名称	号码	张数	票面金额	买入价（卖出价）	金额 百	十	万	千	百	十	元	角	分
20X9 年国债	6017-9160	50	90 000. 00	120%		1	0	8	0	0	0	0	0
合　计					¥	1	0	8	0	0	0	0	0

（印章：广北市财政局国债服务部 业务专用章）

出纳：李数　　复核：王腾　　经办：沈月明

图 8-7　原始凭证 1

中国工商银行进账单（收账通知）　3

2021 年 7 月 16 日　　第 0126 号

收款人		付款人	
全　称	广北市第二汽车制造厂	全　称	广北市财政局国债服务部
账　号	6222083603002368396	账　号	6222083606005366361
开户银行	工行南沙办事处	开户银行	工行南沙办事处

金额	千	百	十	万	千	百	十	元	角	分
人民币（大写）壹拾万捌仟元整		¥	1	0	8	0	0	0	0	0

票据种类	转账支票	票据张数	壹
票据号码	略		
复核	记账		收款人开户行盖章

（印章：中国工商银行 广北南沙办事处 2021.07.16 转讫）

此联是收款人开户银行给收款人的收账通知

图 8-8　原始凭证 2

（第二、三联略）

No. 3

要求：根据图 8-10、图 8-11 所示原始凭证编制图 8-9 的记账凭证。

记 账 凭 证

年 月 日 字第 号

摘要	会计科目		借方金额											贷方金额											记账√
	总账科目	明细科目	亿	千	百	十	万	千	百	十	元	角	分	亿	千	百	十	万	千	百	十	元	角	分	
附件 张	合 计																								

会计主管 记账 出纳 审核 制证

图 8-9 记账凭证

广北市税务局（分局）

催缴税款（滞纳金、罚款）通知书

（2021）税字第 18 号

广北市第二汽车制造厂：

根据税法有关规定，你单位应缴增值税税款 10 000 元，滞纳金 2 000 元，罚款 10 000 元，合计 22 000 元。务必于 2021 年 12 月 20 日前到广州市税务局南沙分局缴清。

特此通知。

广北市税务局南沙分局

二〇二一年九月十八日

抄送：广北市南沙区人民检察院

图 8-10 原始凭证 1

广北市税务局

税款滞纳金、罚款专用缴款书

隶属关系：机械局

经济类型：全民　　　　填发日期：2021 年 9 月 18 日　　　　NO000010

缴款单位（人）	全称	广北市第二汽车制造厂	收入机关	广北市税务局南沙分局
	账号	6222083603002368396	预算级次	市　级
	开户银行	工行南沙区办事处	收款国库	工行南沙区办事处
税款所属时期　2021 年 9 月　日			税款限缴时期　2021 年 12 月 20 日	

税种	应纳税款	逾期天数	加收比例 /‰	罚款倍数	入库税款 千	百	十	万	千	百	十	元	角	分
滞纳金、罚金	10 000	100	2	1				1	2	0	0	0	0	0
金额合计	人民币（大写）壹万贰仟元整						¥	1	2	0	0	0	0	0
缴款单位（盖章）广北市第二汽车制造厂	税务机关（盖章）广北市税务局南沙分局		上列款项已收妥并划转收款单位账户 国库（银行）盖章 中国工商银行 广北南沙支行 2021.09.18 转讫 年　月　日		备注：									

第一联（收据）国库收款盖章后退缴单位

图 8-11　原始凭证 2

No. 4

要求：根据图 8-13、图 8-14 所示原始凭证编制图 8-12 的记账凭证。

记　账　凭　证

广州市财政局监制 标准会计凭证账簿系列

年　月　日　　　　字第　号

摘　要	会计科目 总账科目	明细科目	借方金额 亿	千	百	十	万	千	百	十	元	角	分	贷方金额 亿	千	百	十	万	千	百	十	元	角	分	记账√
附件　　张	合　计																							

会计主管　　　　记账　　　　出纳　　　　审核　　　　制证

图 8-12　记账凭证

第 08262 号

中国工商银行委托银行结算凭证（付款通知） 5 委收号码：8833

委 邮

委托日期：2021 年 10 月 28 日

付款期限 2021 年 10 月 28 日
延期期限 年 月 日

付款人	全 称	广北市第二汽车制造厂	汇款人	全 称	广北市南沙区环境监理站											
	账号或住址	6222083603002368396		账号或住址	6222083602003613136											
	开户银行	工行南沙区办事处		开户银行	兴业银行	行号	66012									
托收金额	人民币（大写）壹仟陆佰元整				亿	千	百	十	万	千	百	十	元	角	分	
										¥	1	6	0	0	0	0
款项内容	排污罚款	凭据名称			附寄单证张数											
备注：	付款人注意： 1. 根据结算方式规定，上列委托收款，如在付款期限内未拒付时，即视同全部同意付款，以此联代付款通知。 2. 如需提前付款或多付少付款时，应另写书面通知送银行办理。 3. 如果全部或部分拒付，应付款期限内另填拒绝付款理由书送银行办理。															

2021.10.28

此联是付款单位开户银行通知付承（支款）通知

单位主管：李萌 会计：马丽 复核：王腾 记账：吴顺 付款单位开户行盖章：

图 8-13 原始凭证 1

广州市通用机打发票（卷票）
发票联

发票代码 131001380231
INVOICE CODE
发票号码 06136882
INVOICE NO.
密 码
PASSWORD
机打号码 06136882
PRINT NO.
机器编号 001020166637
DEVICE NO.
收款单位 广北市南沙区环境监理站 收款员 01
PAYEE ISSUED BY
税务登记号 440104100893328
TAXREGISTRATION NO.
开票日期 DATE ISSUED 2021/10/28
付款单位（个人）PAYER 广北市第二汽车制造厂

项目 ITME	单价 NET PRICE	数量 QUANTITY	金额 AMOUNT
排污罚款			

小写合计 ¥1 600.00
AMOUNT
大写合计 壹仟陆佰元整
QMOUNT IN WORDS
税控码 0440 9332 2730 0506 8042
ANTI-FORGERY CODE

备注：支付违反环境保护法罚款

图 8-14 原始凭证 2

No. 5

要求：根据图 8-16、图 8-17 所示原始凭证编制图 8-15 的记账凭证。

广州市财政局
监制
标准会计凭证账簿系列

记 账 凭 证

年 月 日 字第 号

摘 要	会计科目		借方金额											贷方金额											记账√
	总账科目	明细科目	亿	千	百	十	万	千	百	十	元	角	分	亿	千	百	十	万	千	百	十	元	角	分	
附件 张	合 计																								

会计主管 记账 出纳 审核 制证

图 8-15 记账凭证

广北市工商局
罚款收费
专用章

广北市罚没（赃）款通用收据

缴款单位（人）：广北市第二汽车制造厂 2021 年 12 月 10 日 NO001301

项 目	罚 没 款 依 据	金 额							
虚假广告	中华人民共和国反不正当竞争法第 24 条规定	十	万	千	百	十	元	角	分
			1	0	0	0	0	0	0
合计金额	人民币（大写）壹万元整	¥	1	0	0	0	0	0	0
备 注		缴款方式	现金：						
			支票：√						
			汇票：						

广北市南沙区市场监督管理局
收费专用章

收款单位：广北市南沙区市场监督管理局 主管：王嘉 经手人：好红

备注：支付虚假广告罚款。

图 8-16 原始凭证 1

中国工商银行 转账支票存根 No：10202218 34756513 附加信息
出票日期：2021 年 12 月 10 日
收款人：广北市南沙区市场监督管理局
金额：￥10 000.00
用途：罚款支出
单位主管 李萌　会计 吴顺

图 8-17　原始凭证 2

No. 6

要求：根据图 8-19、图 8-20、图 8-21 所示原始凭证编制图 8-18 的记账凭证。

记账凭证

广州市财政局监制 标准会计凭证账簿系列

年　月　日　　字第　号

摘要	会计科目		借方金额										贷方金额										记账√
	总账科目	明细科目	亿	千	百	十	万	千	百	十	元	角	分	亿	千	百	十	万	千	百	十	元	角	分	
附件　张	合计																								

会计主管　　记账　　出纳　　审核　　制证

图 8-18　记账凭证

纳税调整表 金额单位：元

调整项目	会计实际列支金额	税法允许列支金额	纳税应调整金额
利息收入	9 000	0	
捐赠支出	69 900	0	
罚款支出	23 600	0	
业务招待费	165 000	99 000	
折旧费	147 000	120 000	
合计			

备注：确定 2021 年折旧、业务招待费等项目的纳税调整金额。

图 8-19 原始凭证 1

暂时性差异纳税影响金额计算表 金额单位：元

项　目	账面价值	计税基础	暂时性差异	税率（%）	纳税影响
固定资产	1 194 800	1 275 800			

备注：编制暂时性差异纳税影响金额计算表。

图 8-20 原始凭证 2

广东省增值税专用发票

税　收

税　收　缴　款　书　　　　（2021）

隶属关系：机械局　　　　NO00000010

经济类型：全民　　填发日期：2021 年 12 月 31 日　　收入机关：广北市税务局

缴款单位或人			预算科目		
	代　码	440104100896628		款	所得税
	全　称	广北市第二汽车制造厂		项	企业所得税
	开户银行	工行南沙区办事处		级次	中央级
	账　号	6222083603002368396	收款国库		工行南沙区办事处
税款所属时期	2021 年 12 月		税款限缴日期	2021 年 12 月 31 日	

品目名称	课税数量	计税金额或销售收入	税率或单位税额	已缴或扣除额	实缴税额 千	百	十	万	千	百	十	元	角	分
金额合计（大写）														

缴款单位（人）（盖章）	税务机关（盖章）	上列款项已收妥并划转收款单位账户	备注
经办人（章）	填票人（章）	国库（银行）盖章 年 月 日	

（印章：广北市第二汽车制造厂 财务专用章；广北市税务局南沙分局；中国工商银行 广北南沙区办事处 2021.12.31 业务章）

第一联（收据）国库（经收处）收款盖章后退缴款单位（人）作完税凭证

备注：年终清缴所得税，填制税收缴款书。

图 8-21 原始凭证 3

模块九 利润及利润分配应用能力训练

（一）训练目的

掌握利润总额和利润分配的核算方法，熟悉税后利润分配的顺序，明确“本年利润”账户和“利润分配”账户之间的关系，根据原始凭证填制记账凭证。

（二）训练资料

1. 企业名称：广北市三成卷烟厂
2. 企业地址、电话：广东省广北市永顺大道16号；020-32967890
3. 注册资本：2 000万元
4. 营业执照：020871266
5. 法人代表：李响
6. 纳税登记号：440104100891629
7. 开户银行：中国工商银行广北永芳支行
8. 账号：6222083603002365498
9. 财务组织及人员分工：

总经理：张想

财务经理：谢应

会计主管：王喜

出纳：李好

制证会计：马欢

记账会计：肖顺

审核：王庆

10. 银行预留印鉴（见图 9-1）：

图 9-1　银行预留印鉴

11. 其他资料：该企业适用的所得税税率为 25%。其他税税率和税后分配比率如下：

（1）消费税税率：甲类卷烟 56%（不考虑加收的 0.003 元/支，下同），乙类卷烟 36%，烟丝 30%。

（2）法定盈余公积和任意盈余公积的计提比例均为税后利润的 10%。

12. 训练任务：

（1）根据业务 1 到业务 9 的原始凭证，编制记账凭证；

（2）根据业务 10 的资料，编制结转产品销售成本、结转其他销售成本的记账凭证；

（3）根据业务 1 至业务 10 的资料，填列增值税、消费税原始凭证，按应交增值税、消费税税额的 7%、3%计算应交城市维护建设税和教育费附加，填列城市维护建设税和教育费附加，并编制记账凭证；

（4）根据实训资料，计算 1~6 月份营业利润和利润总额；

（5）根据实训资料，计算 1~6 月份应交所得税总额（投资收益、营业外支出为纳税时需调整项目），并编制应交所得税记账凭证；

（6）根据以上资料，计算将净利润、应计提盈余公积金额并编制记账凭证。

（7）根据以上资料，编制结转损益类账户的记账凭证和利润分配的记账凭证。

说明：计算如有小数，金额保留到小数点后 2 位。

13. 广北市三成卷烟厂 1~6 月份发生的其他有关收支情况如下：

No. 1

要求：根据图 9-3、图 9-4 所示原始凭证编制图 9-2 的记账凭证。

记　账　凭　证

广州市财政局监制　标准会计凭证账簿系列

年　月　日　　　　字第　号

摘　要	会计科目		借方金额											贷方金额											记账√
	总账科目	明细科目	亿	千	百	十	万	千	百	十	元	角	分	亿	千	百	十	万	千	百	十	元	角	分	
附件　　张	合　计																								

会计主管　　　　记账　　　　出纳　　　　审核　　　　制证

图 9-2　记账凭证

中国工商银行 转账支票存根 No：10303219 08568969
附加信息
出票日期：2021 年 1 月 4 日
收款人：广北市广告实业公司
金额：￥3 180.00
用途：付广告费
单位主管 李响 会计 肖顺

图 9-3 原始凭证 1

广东省增值税专用发票

广东省

发票联

No. 01213121

开票日期：2021 年 1 月 4 日

购货单位	名称：广北市三成卷烟厂 纳税人识别号：440104100891629 地址、电话：永顺大道 16 号；020-32967890 开户行及账号：工行永芳支行 6222083603002365498				密码区	略	
货物及应税劳务名称	规格型号	单位	数量	单价	金额	税率	税额
广告费		个	1	3 000.00	3 000.00	6%	180.00
合计					￥3 000.00		￥180.00
价税合计（大写）	人民币叁仟壹佰捌拾元整				（小写）￥3 180.00		
销货单位	名称：广北市广告实业公司 纳税人识别号：440104100897429 地址、电话：广北市新成大道 10 号；020-30967201 开户行及账号：工行永兴支行 6222083603002368586				备注	广北市广告实业公司 发票专用章 税号：440104100897429	

第三联：发票联 购买方记账凭证

收款人：李欢　　复核：王军　　开票人：马凤　　销货单位（章）：

图 9-4 原始凭证 2

No. 2

要求：根据图 9-6 所示原始凭证编制图 9-5 的记账凭证。

广州市财政局监制 标准会计凭证账簿系列

记 账 凭 证

年 月 日 字第 号

摘 要	会计科目		借方金额											贷方金额											记账
	总账科目	明细科目	亿	千	百	十	万	千	百	十	元	角	分	亿	千	百	十	万	千	百	十	元	角	分	√
附件 张	合 计																								

会计主管 记账 出纳 审核 制证

图 9-5 记账凭证

中国工商银行贷款利息通知单 [第三联 代支款通知]

2021 年 3 月 6 日 NO：0170160

贷款账户户名：广北市三成卷烟厂		账号：6222083603002365498
利息计算时间：2021 年 1 月 6 日起至 3 月 6 日止		左列贷款利息已从你单位账号账户付出 中国工商银行 广北永芳支行 2021.03.06 业务章
计息积数共计：¥××××××××	利率：月 8.895‰	
利息金额（大写）人民币肆仟伍佰肆拾柒元伍角整		
附记：	¥4 547.50	

会计：李鸣 事后监督：崔凤 复核：陈军 制单：立意

图 9-6 原始凭证

模块九 利润及利润分配应用能力训练

No. 3

要求：根据图 9-8 所示原始凭证编制图 9-7 的记账凭证。

广州市财政局 监制 标准会计凭证账簿系列

记 账 凭 证

年 月 日　　　　　　　　　　字第　号

摘　要	会计科目		借方金额											贷方金额											记账√
	总账科目	明细科目	亿	千	百	十	万	千	百	十	元	角	分	亿	千	百	十	万	千	百	十	元	角	分	
附件　　张	合　计																								

会计主管　　　　记账　　　　出纳　　　　审核　　　　制证

图 9-7　记账凭证

中国工商银行贷款利息通知单　［第三联 代支款通知］　NO：0238829

2021 年 3 月 6 日

贷款账户户名：广北市三成卷烟厂	账号：6222083603002365498	
利息计算时间：2021 年 1 月 6 日起至 3 月 6 日止		左列贷款利息已从你单位账号　账户付出
计息积数共计：¥ ××××××××	利率：月 2.625‰	
利息金额（大写）人民币玖佰柒拾贰元伍角整		
附记：	¥972.50	

中国工商银行 广北永芳支行 2021.03.06 业务章

会计：李鸣　　　　事后监督：崔凤　　　　复核：陈军　　　　制单：立意

图 9-8　原始凭证

No. 4

要求：根据图 9-10 所示原始凭证编制图 9-9 的记账凭证。

记 账 凭 证

广州市财政局监制
标准会计凭证账簿系列

年 月 日 字第 号

摘 要	会计科目		借方金额											贷方金额											记账
	总账科目	明细科目	亿	千	百	十	万	千	百	十	元	角	分	亿	千	百	十	万	千	百	十	元	角	分	√
附件 张	合 计																								

会计主管 记账 出纳 审核 制证

图 9-9 记账凭证

中国工商银行结算业务收费凭证（回单） 1

领用单位 账号：6222083603002365498
户名：广北市三成卷烟厂

2021 年 4 月 9 日 第 4 号

领用凭证名称	起止号码	单位	数量	工本费							邮电费							手续费						
				单价	千	百	十	元	角	分	单价	千	百	十	元	角	分	单价	千	百	十	元	角	分
银行汇票委托书		本	8	0.35				2	8	0	400	3	2	0	0	0	0	12.5		1	0	0	0	0
电汇		本	4	0.45				1	8	0	200		8	0	0	0	0	12.5			5	0	0	0

合计金额	人民币（大写）肆仟壹佰伍拾肆元陆角整	万	千	百	十	元	角	分
		¥	4	1	5	4	6	0

单位主管：李响 会计：马欢 复核：王庆 记账；肖顺

中国工商银行
广北永芳支行
2021.04.09
业务章
（开户银行盖章）

此联为结算业务收费回单

图 9-10 原始凭证

No. 5

要求：根据图 9-12、图 9-13 所示原始凭证编制图 9-11 的记账凭证。

记 账 凭 证

年 月 日 字第 号

摘 要	会计科目		借方金额										贷方金额										记账
	总账科目	明细科目	亿	千	百	十	万	千	百	十	元	角	分	亿	千	百	十	万	千	百	十	元	角	分	√
附件 张	合 计																								

会计主管 记账 出纳 审核 制证

图 9-11 记账凭证

征收排污费收款收据

签发日期：2021 年 5 月 23 日 NO：1642918

缴款单位	全称	广北市三成卷烟厂	收款单位	全称	广北市永芳区环境监理站
	开户行	工行永芳支行		开户行	工行解放路支行
	账号	6222083603002365498		账号	6222083603002348687

应征年	应征月	污染有害物质名称与含量	单位	月排放量	超标倍数	征收标准	千	百	十	万	千	百	十	元	角	分
		SO_2	kg	49 980		0.2×50%				¥	4	9	9	8	0	0
合计金额（大写）：肆仟玖佰玖拾捌元整										¥4 998.00						

第二联 交款单位记账凭证

图 9-12 原始凭证 1

第 06863 号

中国工商银行委托银行结算凭证（付款通知） 5　委收号码：8892

委 邮	委托日期：2021 年 5 月 23 日	付款期限 2021 年 5 月 23 日 延期期限　年　月　日

付款人	全　称	广北市三成卷烟厂	收款人	全　称	广北市永和区环境监理站	
	账号或住址	6222083603002365498		账号或住址	6222083603002348687	
	开户银行	工行永芳支行		开户银行	工行解放路支行	行号 66022
托收金额	人民币（大写）肆仟玖佰玖拾捌元整				亿千百十万千百十元角分 ¥49980 0	
款项内容	排污罚款	委托收款凭据名称		附寄单证张数		
备注：	付款人注意： 1. 根据结算方式规定，上列委托收款，如在付款期限内未拒付时，即视同全部同意付款，以此联代付款通知。 2. 如需提前付款或多付少付款时，应另写书面通知送银行办理。 3. 如果全部或部分拒付，应于付款期限内另填拒绝付款理由书送银行办理。					

（印章：中国工商银行 广北永芳支行 2021.05.23 业务章）

此联是付款人开户银行给付款人按期付款的通知

单位主管：李响　会计：马欢　复核：王庆　记账：肖顺　付款单位开户行盖章：

图 9-13　原始凭证 2

No. 6

要求：根据图 9-16 所示原始凭证编制图 9-14、图 9-15 的记账凭证。

记 账 凭 证

（印章：广州市财政局监制 标准会计凭证账簿系列）

年　月　日　　字第　号

摘　要	总账科目	明细科目	借方金额（亿千百十万千百十元角分）	贷方金额（亿千百十万千百十元角分）	记账√
附件　张	合　计				

会计主管　记账　出纳　审核　制证

图 9-14　记账凭证

记 账 凭 证

年 月 日 字第 号

摘要	会计科目		借方金额											贷方金额											记账
	总账科目	明细科目	亿	千	百	十	万	千	百	十	元	角	分	亿	千	百	十	万	千	百	十	元	角	分	√
附件 张	合计																								

会计主管 记账 出纳 审核 制证

图 9-15 记账凭证

中华人民共和国
税收缴款书

（2021）

隶属关系：烟草公司 NO：0000678

注册类型：全民 填发日期：2021 年 6 月 23 日 收入机关：广北市税务局

缴款单位（人）	代码	81310107607320828A	预算科目	款	房产税
	全称	广北市三成卷烟厂		项	
	开户银行	工行永芳支行		级次	市级
	账号	6222083603002365498	收款国库		工行南城区办
税款所属时期 2021 年 6 月—12 月			税款限缴时期 2021 年 6 月 23 日		

品目名称	课税数量	计税金额或销售收入	税率或单位税额	已缴或扣除额	实缴税款									
					千	百	十	万	千	百	十	元	角	分
房产价值		9 500 000	1.2%	57 000				5	7	0	0	0	0	0
金额合计	人民币（大写）：伍万柒仟元整						¥	5	7	0	0	0	0	0

缴款单位（人）（盖章） 经办人（章）	税务机关（盖章） 填票人（章）	上列款项已收妥并划转收款单位账户 中国工商银行 南城区办事处 2021.06.23 业务章 国库（银行）盖章 2021 年 6 月 23 日	备注：

第一联（收据）国库（经收处）收款盖后退缴款单位（人）作完税凭证

逾期不缴按税法规定加收滞纳金

图 9-16 原始凭证

No. 7

要求：根据图 9-18、图 9-19、图 9-20 所示原始凭证编制图 9-17 的记账凭证。

记 账 凭 证

年 月 日　　　　字第 号

摘 要	会计科目		借方金额										贷方金额										记账√
	总账科目	明细科目	亿	千	百	十	万	千	百	十	元	角	分	亿	千	百	十	万	千	百	十	元	角	分	
附件 张	合 计																								

会计主管　　记账　　出纳　　审核　　制证

图 9-17 记账凭证

广东省增值税普通发票

广东省

发 票 联

No. 01223133

开票日期：2021 年 6 月 24 日

购货单位	名 称：广北市三成卷烟厂 纳税人识别号：440104100891629 地 址 、电 话：永顺大道 16 号；020-32967890 开户行及账号：工行永芳支行 6222083603002365498				密码区	略	
货物及应税劳务名称	规格型号	单位	数量	单价	金额	税率	税额
评估费		个	1	2 000. 00	2 000. 00	6%	120. 00
合计					¥2 000. 00		¥120. 00
价税合计（大写）	人民币贰仟壹佰贰拾元整					（小写） ¥2 120. 00	
销货单位	名 称：广北市兴华会计师事务所 纳税人识别号：440104100986431 地 址 、电 话：广北市新新大道 19 号；020-309672361 开户行及账号：工行永芬支行 6222083603002368458				备注	广北市兴华会计师事务所 发票专用章 税号：440104100986431	

第二联：发票联 购买方记账凭证

收款人：李江　　复核：刘军　　开票人：张凤　　销货单位（章）：

图 9-18 原始凭证 1

业务委托协议书

兹有广北市三成卷烟厂委托广北市兴华会计师事务所，办理下列财会业务，应付业务费按规定的收费标准由委托单位支付：

委托业务： 对现有固定资产进行评估
要求事项： 出具资产评估报告
收费标准： 1. 2. 合计：贰仟壹佰贰拾元整
备注：1. 本委托书一式三份，由委托单位、经办单位和受委托单位各执一份。 2.

受委托单位：广北市兴华会计师事务所	经办单位（略）	委托单位：广北市三成卷烟厂
地址：	地　址	营业执照：001236
负责人：	负责人	地　　址：永顺大道 16
电　话：永顺大道 16 号；32967863	电　话	负 责 人　电话 020-32967890
		联 系 人：李响　电话

委托日期　2021 年 6 月 18 日

图 9-19　原始凭证 2

中国工商银行 转账支票存根 No：10303219 08568970
附加信息
出票日期：2021 年 6 月 24 日
收款人：广北市兴华会计师事务所
金额：￥2 120.00
用途：付资产评估费
单位主管　李响　会计　肖顺

图 9-20　原始凭证 3

No. 8

要求：根据图 9-22 所示原始凭证编制图 9-21 的记账凭证。

记 账 凭 证

广州市财政局 监制 标准会计凭证账簿系列

年　月　日　　　　　　　　　　　　　　字第　号

摘　要	会计科目		借方金额											贷方金额											记账√
	总账科目	明细科目	亿	千	百	十	万	千	百	十	元	角	分	亿	千	百	十	万	千	百	十	元	角	分	
附件　　张	合　计																								

会计主管　　　　记账　　　　出纳　　　　审核　　　　制证

图 9-21　原始凭证

收 款 收 据

广北市税务局 票据管理 监制章

收据代码：17700XX00146

开票日期：2021 年 6 月 25 日　　　　收据号码：06201087

缴款单位或个人	广北市三成卷烟厂				
款项内容	卫生罚款			收款方式	现金
人民币（大写）	壹佰元整　￥100.00				
收款单位盖章		收款人盖章	李好	备注	

广北市北区街道办事处 现金收讫

第一联：收款联（手写无效）

图 9-22　原始凭证

No. 9

要求：根据图 9-24、图 9-25 所示原始凭证编制图 9-23 的记账凭证。

广州市财政局 监制 标准会计凭证账簿系列

记 账 凭 证

年 月 日　　　　字第　号

摘　要	会计科目		借方金额										贷方金额										记账√
	总账科目	明细科目	亿	千	百	十	万	千	百	十	元	角	分	亿	千	百	十	万	千	百	十	元	角	分	
附件　　张	合　计																						

会计主管　　记账　　出纳　　审核　　制证

图 9-23　记账凭证

收到联营单位分配的利润。

中国工商银行进账单（收账通知）　3

2021 年 6 月 26 日　　第 96 号

收款人	全　称	广北市三成卷烟厂	付款人	全　称	赣西市劳动服务公司南商行
	账　号	6222083603002365498		账　号	6222083605004368369
	开户银行	工行永芳支行		开户银行	工行赣西区办事处
金额	人民币（大写）伍万捌仟元整		千 百 十 万 千 百 十 元 角 分		¥ 5 8 0 0 0 0 0
票据种类	转账支票	票据张数　壹			
票据号码	略				
复核　　记账			收款人开户行盖章		

中国工商银行 广北永芳支行 2021.06.26 收讫

此联是收款人开户银行给收款人的收账通知

图 9-24　原始凭证 1

（第二、三联略）

双方横向经济联合议定书

为了更好地为赣西人民服务，广北市三成卷烟厂（以下简称“甲方”）与赣西市劳动服务公司南商行（以下简称“乙方”）共同商订，在赣西成立广北市三成卷烟厂赣西经销部，具体议定如下：

一、甲方以货币资金形式出资100万元，资金到位时间定于2019年12月31日前，乙方提供鼓楼西大街123号门市房200平方米作为营业场所，固定资产评估价值为100万元。

二、北京经销部的经营管理主要由乙方负责，甲方派一名副经理参与管理。

三、乙方在经济体制上自负盈亏，独立核算，甲方按双方购销合同向乙方提供商品。

四、乙方需向甲方按税后利润的40%分红，如发生亏损，由双方按出资比例承担。

五、双方在本议定书有效期内不得终止联合协议，如一方违约，需向对方交纳20万元的违约金；当有效期届满时，如乙方愿终止合同，甲方抽回货币资金100万元。

六、双方在本议定书有效期内，如上级颁布与本议定书各款有相抵触的政策，双方均按上级政策规定执行。

七、本协议由广北市公证处公证，甲乙双方各执一份。

八、本协议自签订日起有效期三年。

广北市三成卷烟厂代表
（甲方）

赣西市劳动服务公司南商行代表
（乙方）

2019年12月01日

图9-25　原始凭证3

No. 10

要求：根据图9-27所示原始凭证编制图9-26的记账凭证。

记　账　凭　证

年　月　日　　　　字第　号

摘　要	会计科目		借方金额										贷方金额										记账
	总账科目	明细科目	亿	千	百	十	万	千	百	十	元	角	分	亿	千	百	十	万	千	百	十	元	角	分	√
附件　　张	合　计																								

会计主管　　　记账　　　出纳　　　审核　　　制证

图9-26　记账凭证

广北市三成卷烟厂 2021 年 1~6 月份发生的销售业务如下：

广北市三成卷烟厂 2021 年 1~6 月份销售汇总表　　金额单位：元

产品销售	类别	计量单位	销售量	单价	销售收入	销售税额	单位成本	销售成本
翻盖双喜	甲	大箱	6	36 550	219 300	32 728	11 000	66 000
精装双喜	甲	大箱	3	18 300	54 900	8 253	5 500	16 500
全包装双喜	甲	大箱	10	20 700	207 000	30 176	6 200	62 000
全包装外五叶神	甲	大箱	5	28 840	144 200	20 137	8 700	43 500
全包装内五叶神	甲	大箱	5	23 400	117 000	16 865	7 100	35 500
精装内五叶神	甲	大箱	1	25 400	25 400	3 612	7 600	7 600
翻盖好日子	甲	大箱	6	32 900	197 400	28 623	9 900	59 400
精装樱花	乙	大箱	12	6 850	82 200	11 907	3 800	45 600
全包装红玫王	甲	大箱	3	31 000	93 000	13 872	9 300	27 900
精装芍药	乙	大箱	5	10 800	54 000	7 839	3 200	16 000
精装羊城	甲	大箱	0					
全包装好日子	甲	大箱	0					
合　计		大箱	56		1 194 400	174 012		380 000
其他销售		计量单位	销量	单价	销售收入	销项税额	单位成本	销售成本
烟丝		担	50	380	19 000	2 836	360	18 000
备　注								

备注：1~6 月份发生的允许抵扣的增值税进项税额累计 62 000. 91 元。

训练要求：根据业务 10 结转产品销售成本

图 9-27　原始凭证

No. 11

要求：根据图 9-30、图 9-31 所示原始凭证编制图 9-28、图 9-29 的记账凭证。

记 账 凭 证

年 月 日　　　　字第 号

摘要	会计科目		借方金额										贷方金额										记账√
	总账科目	明细科目	亿	千	百	十	万	千	百	十	元	角	分	亿	千	百	十	万	千	百	十	元	角	分	
附件 张	合计																						

会计主管　　　记账　　　出纳　　　审核　　　制证

图 9-28 记账凭证

记 账 凭 证

年 月 日　　　　字第 号

摘要	会计科目		借方金额										贷方金额										记账√
	总账科目	明细科目	亿	千	百	十	万	千	百	十	元	角	分	亿	千	百	十	万	千	百	十	元	角	分	
附件 张	合计																						

会计主管　　　记账　　　出纳　　　审核　　　制证

图 9-29 记账凭证

广北市三成卷烟厂应交消费税计算单

2021 年 6 月 30 日　　　　金额单位：元

项　目	计税依据	税率	税额	备注
甲类香烟		56%		
乙类香烟		36%		
烟丝		30%		
合计				

会计主管：王喜　　　　审核：王庆　　　　制单：马欢

图 9-30　原始凭证 1

中华人民共和国
税收缴款书

国家税务总局监制

（2021）

隶属关系：烟草公司　　　　NO：0000302

注册类型：全民　　填发日期：2021 年 6 月 30 日　　收入机关：广北市税务局

缴款单位（人）			预算科目		
	代　码	81310107607320828A		款	消费税
	全　称	广北市三成卷烟厂		项	一般消费税
	开户银行	工行永芳支行		级次	中央级
	账　号	6222083603002368586	收款国库		工行南城区办

税款所属时期　2021 年 6 月 1 日至 30 月	税款限缴时期　2021 年 7 月 5 日

品目名称	课税数量	计税金额或销售收入	税率或单位税额	已缴或扣除额	实缴税款 千	百	十	万	千	百	十	元	角	分
甲类香烟			56%											
乙类香烟			36%											
烟丝			30%											
金额合计	人民币（大写）：													

缴款单位（人）（盖章） 经办人（章）	税务机关（盖章） 填票人（章）	上列款项已收妥并划转收款单位账户 国库（银行）盖章　2021 年 6 月 30 日	备注：

广北市三成卷烟厂 财务专用章

广北市税务局第二分局

中国工商银行 广北南城区办事处 2021.06.23 业务章

第一联（收据）国库（经收处）收款盖后退缴款单位（人）作完税凭证

逾期不缴按税法规定加收滞纳金

图 9-31　原始凭证 2

No. 12

要求：根据图 9-34、图 9-35 所示原始凭证编制图 9-32、图 9-33 的记账凭证。

记 账 凭 证

年 月 日　　　　字第 号

摘 要	会计科目		借方金额											贷方金额											记账√
	总账科目	明细科目	亿	千	百	十	万	千	百	十	元	角	分	亿	千	百	十	万	千	百	十	元	角	分	
附件 张	合 计																								

会计主管　　记账　　出纳　　审核　　制证

图 9-32　记账凭证

记 账 凭 证

年 月 日　　　　字第 号

摘 要	会计科目		借方金额											贷方金额											记账√
	总账科目	明细科目	亿	千	百	十	万	千	百	十	元	角	分	亿	千	百	十	万	千	百	十	元	角	分	
附件 张	合 计																								

会计主管　　记账　　出纳　　审核　　制证

图 9-33　记账凭证

广北市三成卷烟厂应交增值税及转出未交增值税计算单

2021 年 6 月 30 日　　金额单位：元

项目	销项税额	进项税额	应纳增值税税额	已交增值税	转出未交增值税
	(1)	(2)	(3) = (2) - (1)	(4)	(5) = (3) - (4)
金额					

会计主管：王喜　　审核：王庆　　制单：马欢

图 9-34　原始凭证 1

中 华 人 民 共 和 国
税 收 缴款书

(2021)

隶属关系：烟草公司　　NO：0000301

注册类型：全民　　填发日期：2021 年 6 月 30 日　　收入机关：广北市税务局

<table>
<tr><td rowspan="4">缴款单位（人）</td><td>代　码</td><td colspan="2">81310107607320828A</td><td rowspan="3">预算科目</td><td>款</td><td colspan="10">增值税</td></tr>
<tr><td>全　称</td><td colspan="2">广北市三成卷烟厂</td><td>项</td><td colspan="10">一般增值税</td></tr>
<tr><td>开户银行</td><td colspan="2">工行永芳支行</td><td>级次</td><td colspan="10">中央级</td></tr>
<tr><td>账　号</td><td colspan="2">6222083603002368586</td><td colspan="2">收款国库</td><td colspan="10">工行南城区办</td></tr>
<tr><td colspan="4">税款所属时期　2021 年 6 月 1 日至 30 月</td><td colspan="12">税款限缴时期　2021 年 7 月 5 日</td></tr>
<tr><td rowspan="2">品目名称</td><td rowspan="2">课税数量</td><td rowspan="2">计税金额或销售收入</td><td rowspan="2">税率或单位税额</td><td colspan="2" rowspan="2">已缴或扣除额</td><td colspan="10">实缴税款</td></tr>
<tr><td>千</td><td>百</td><td>十</td><td>万</td><td>千</td><td>百</td><td>十</td><td>元</td><td>角</td><td>分</td></tr>
<tr><td>增值税</td><td></td><td></td><td>13%</td><td colspan="2"></td><td></td><td></td><td></td><td></td><td></td><td></td><td></td><td></td><td></td><td></td></tr>
<tr><td></td><td></td><td></td><td></td><td colspan="2"></td><td></td><td></td><td></td><td></td><td></td><td></td><td></td><td></td><td></td><td></td></tr>
<tr><td></td><td></td><td></td><td></td><td colspan="2"></td><td></td><td></td><td></td><td></td><td></td><td></td><td></td><td></td><td></td><td></td></tr>
<tr><td colspan="2">金额合计</td><td colspan="14">人民币（大写）：</td></tr>
<tr><td colspan="2">缴款单位（人）（盖章）
经办人（章）</td><td colspan="2">税务机关（盖章）
填票人（章）</td><td colspan="8">上列款项已收妥并划转收款单位账户
中国工商银行 广北南城区办事处 2021.06.23 业务章
国库（银行）盖章　2021 年 6 月 30 日</td><td colspan="4">备注：</td></tr>
</table>

第一联（收据）国库（经收处）收款盖后退缴款单位（人）作完税凭证

逾期不缴按税法规定加收滞纳金

图 9-35　原始凭证 2

No. 13

要求：根据图 9-38、图 9-39 所示原始凭证编制图 9-36、图 9-37 的记账凭证。

记 账 凭 证

年 月 日 字第 号

摘 要	会计科目		借方金额											贷方金额											记账√
	总账科目	明细科目	亿	千	百	十	万	千	百	十	元	角	分	亿	千	百	十	万	千	百	十	元	角	分	
附件 张	合 计																								

会计主管 记账 出纳 审核 制证

图 9-36 记账凭证

记 账 凭 证

年 月 日 字第 号

摘 要	会计科目		借方金额											贷方金额											记账√
	总账科目	明细科目	亿	千	百	十	万	千	百	十	元	角	分	亿	千	百	十	万	千	百	十	元	角	分	
附件 张	合 计																								

会计主管 记账 出纳 审核 制证

图 9-37 记账凭证

广北市三成卷烟厂应交城市维护建设税计算单

2021 年 6 月 30 日　　　　金额单位：元

计税依据	税金	税率	城市维护建设税金额	合计
消费税				
增值税				
营业税				
合　计				

会计主管：王喜　　　　审核：王庆　　　　制单：马欢

图 9-38　原始凭证 1

中　华　人　民　共　和　国

税　收

缴款书

（2021）

隶属关系：烟草公司　　　　NO：0200351

注册类型：全民　　　　填发日期：2021 年 6 月 30 日　　　　收入机关：广北市税务局

缴款单位（人）			预算科目		
	代　码	81310107607320828A		款	城市维护建设税
	全　称	广北市三成卷烟厂		项	一般城市维护建设税
	开户银行	工行永芳支行		级次	县（市）级
	账　号	6222083603002368586	收款国库		工行南城区办

税款所属时期	2021 年 6 月 1 日至 30 月	税款限缴时期	2021 年 7 月 5 日

品目名称	课税数量	计税金额或销售收入	税率或单位税额	已缴或扣除额	实缴税款：千	百	十	万	千	百	十	元	角	分
城市维护建设税			7%											
金额合计	人民币（大写）：													

缴款单位（人）（盖章） 经办人（章）	税务机关（盖章） 填票人（章）	上列款项已收妥并划转收款单位账户 中国工商银行 广北南城区办事处 2021.06.23 业务章 国库（银行）盖章　2021 年 6 月 30 日	备注：

第一联（收据）国库（经收处）收款盖后退缴款单位（人）作完税凭证

逾期不缴按税法规定加收滞纳金

图 9-39　原始凭证 2

No. 14

要求：根据图 9-42、图 9-43 所示原始凭证编制图 9-40、图 9-41 的记账凭证。

广州市财政局监制 标准会计凭证账簿系列

记 账 凭 证

年 月 日　　　　字第　号

摘要	会计科目		借方金额											贷方金额											记账√
	总账科目	明细科目	亿	千	百	十	万	千	百	十	元	角	分	亿	千	百	十	万	千	百	十	元	角	分	
附件　张	合计																								

会计主管　　记账　　出纳　　审核　　制证

图 9-40　记账凭证

广州市财政局监制 标准会计凭证账簿系列

记 账 凭 证

年 月 日　　　　字第　号

摘要	会计科目		借方金额											贷方金额											记账√
	总账科目	明细科目	亿	千	百	十	万	千	百	十	元	角	分	亿	千	百	十	万	千	百	十	元	角	分	
附件　张	合计																								

会计主管　　记账　　出纳　　审核　　制证

图 9-41　记账凭证

广北市三成卷烟厂应交教育费附加计算单

2021 年 6 月 30 日　　　　金额单位：元

计税依据	税金	税率	教育费附加金额	合计
消费税				
增值税				
营业税				
合　计				

会计主管：王喜　　　　审核：王庆　　　　制单：马欢

图 9-42　原始凭证 1

中华人民共和国
税收缴款书

(2021)

隶属关系：烟草公司　　　　NO：0200352

注册类型：全民　　　填发日期：2021 年 6 月 30 日　　收入机关：广北市税务局

缴款单位（人）	代　码	81310107607320828A	预算科目	款	教育费附加
	全　称	广北市三成卷烟厂		项	一般教育费附加
	开户银行	工行永芳支行		级次	县（市）级
	账　号	6222083603002368586	收款国库		工行南城区办

税款所属时期 2021 年 6 月 1 日至 30 月	税款限缴时期 2021 年 7 月 5 日

品目名称	课税数量	计税金额或销售收入	税率或单位税额	已缴或扣除额	实缴税款 千	百	十	万	千	百	十	元	角	分
教育费附加			3%											
金额合计		人民币（大写）：												

缴款单位（人）（盖章） 经办人（章）	税务机关（盖章） 填票人（章）	上列款项已收妥并划转收款单位账户 国库（银行）盖章　2021 年 6 月 30 日	备注：

（印章：广北市三成卷烟厂 财务专用章；广北市税务局第二分局；中国工商银行 广北南城区办事处 2021.06.25 业务章）

第一联（收据）国库（经收处）收款盖后退缴款单位（人）作完税凭证

逾期不缴按税法规定加收滞纳金

图 9-43　原始凭证 2

No. 15

要求：根据图 9-46 所示原始凭证编制图 9-44、图 9-45 的记账凭证。

记　账　凭　证

广州市财政局监制　标准会计凭证账簿系列

年　月　日　　　　　　　　　　字第　号

摘　要	会计科目		借方金额										贷方金额										记账√
	总账科目	明细科目	亿	千	百	十	万	千	百	十	元	角	分	亿	千	百	十	万	千	百	十	元	角	分
附件　张	合　计																							

会计主管　　记账　　出纳　　审核　　制证

图 9-44　记账凭证

记　账　凭　证

广州市财政局监制　标准会计凭证账簿系列

年　月　日　　　　　　　　　　字第　号

摘　要	会计科目		借方金额										贷方金额										记账√
	总账科目	明细科目	亿	千	百	十	万	千	百	十	元	角	分	亿	千	百	十	万	千	百	十	元	角	分
附件　张	合　计																							

会计主管　　记账　　出纳　　审核　　制证

图 9-45　记账凭证

广北市三成卷烟厂利润计算单

2021 年 6 月　　　　单位：元

收入账户	发生额	费用账户	发生额
主营业务收入		主营业务成本	
其他业务收入		其他业务成本	
		税金及附加	
		销售费用	
		管理费用	
		财务费用	
合计			

会计主管：王喜　　　　审核：王庆　　　　制单：马欢

图 9-46　原始凭证

No. 16

要求：根据图 9-49 所示原始凭证编制图 9-47、图 9-48 的记账凭证。

记　账　凭　证

广州市财政局监制 标准会计凭证账簿系列

年　月　日　　　　字第　号

摘　要	会计科目		借方金额											贷方金额											记账√
	总账科目	明细科目	亿	千	百	十	万	千	百	十	元	角	分	亿	千	百	十	万	千	百	十	元	角	分	
附件　　张	合　计																								

会计主管　　记账　　出纳　　审核　　制证

图 9-47　记账凭证

记账凭证

年 月 日　　　　　　　　　　　　字第 号

摘要	会计科目		借方金额											贷方金额											记账
	总账科目	明细科目	亿	千	百	十	万	千	百	十	元	角	分	亿	千	百	十	万	千	百	十	元	角	分	√
附件 张	合计																								

会计主管　　记账　　出纳　　审核　　制证

图 9-48　记账凭证

广北市三成卷烟厂应交所得税计算单

2021 年 6 月 30 日　　　　金额单位：元

项目	应交所得税额	税率	税额	备注
应交所得税		25%		
合计				

会计主管：王喜　　审核：王庆　　制单：马欢

图 9-49　原始凭证

No. 17

要求：根据图 9-51 所示原始凭证编制图 9-50 的记账凭证。

记 账 凭 证

广州市财政局 监制

标准会计凭证账簿系列

年 月 日　　　　字第 号

摘 要	会计科目		借方金额											贷方金额											记账√
	总账科目	明细科目	亿	千	百	十	万	千	百	十	元	角	分	亿	千	百	十	万	千	百	十	元	角	分	
附件 张	合 计																								

会计主管　　记账　　出纳　　审核　　制证

图 9-50　记账凭证

广北市三成卷烟厂盈余公积计算单

2021 年 6 月 30 日　　　　金额单位：元

项 目	计提比例	金额	备注
净利润	—		
法定盈余公积	10%		
任意盈余公积	10%		
合计			

会计主管：王喜　　审核：王庆　　制单：马欢

图 9-51　原始凭证

No. 18

要求：根据图 9-54 所示原始凭证编制图 9-52、图 9-53 的记账凭证。

记 账 凭 证

年　月　日　　　　字第　号

摘要	会计科目		借方金额											贷方金额											记账√
	总账科目	明细科目	亿	千	百	十	万	千	百	十	元	角	分	亿	千	百	十	万	千	百	十	元	角	分	
附件　张	合计																								

会计主管　　　记账　　　出纳　　　审核　　　制证

图 9-52　记账凭证

记 账 凭 证

年　月　日　　　　字第　号

摘要	会计科目		借方金额											贷方金额											记账√
	总账科目	明细科目	亿	千	百	十	万	千	百	十	元	角	分	亿	千	百	十	万	千	百	十	元	角	分	
附件　张	合计																								

会计主管　　　记账　　　出纳　　　审核　　　制证

图 9-53　记账凭证

广北市三成卷烟厂利润分配结转表

2021 年 6 月 30 日　　金额单位：元

总账科目	明细科目	金额	备注
合计			

会计主管：王喜　　审核：王庆　　制单：马欢

图 9-54　原始凭证

参考文献

[1] 唐丽华. 财务会计实训 [M]. 3 版. 大连：东北财经大学出版社，2018.

[2] 刘永泽、陈立军. 中级财务会计 [M]. 6 版. 大连：东北财经大学出版社，2018.

[3] 陈国平、张燕. 会计综合模拟实验（手工账务处理）[M]. 上海：立信会计出版社，2018.

[4] 李辉、谢滨如. 会计综合化项目实训（手工账务处理）[M]. 上海：立信会计出版社，2018.

[5] 季华、施先旺. 中级财务会计 [M]. 大连：东北财经大学出版社，2019.

[6] 黄明、郭大伟. 企业会计模拟实训教程（单项实训）[M]. 8 版. 大连：东北财经大学出版社，2019.